法人税に関する法令・　　　　　　　　　　　書に準拠しつつ、社会経済情勢の変化に適応でき　　　　かつ詳細に規定されているため、一般的に複雑・難解だと言われています。

　しかし、企業を成長させるには、内部統制の強化や経理面の質を向上させることが重要であり、そのためには経営や経理に携わる方々の財務内容や税制等の理解が必要不可欠です。

　そこで、本書は、経営者や経理担当者の方に、最低限知っておいていただきたい法人税の基本的な仕組みや内容を体系的に、かつ、ポイントを絞って、身近な事例を織り交ぜるなどしてできるだけ分かりやすく説明するよう心掛けました。

　本書の改訂に当たっては、巻末に「賃上げ税制の強化」など「令和6年度税制改正」における法人税等に係る主要な改正点を織り込んだほか、「中小企業者の判定等」に係るフロー図を新たに織り込んでいます。

　はからずも、本書は昭和63年に初版を執筆刊行させていただいて以来、多くの方々からご好評をいただき、ここに版を重ねることができました。これまでにご利用いただきました皆様方に心からお礼を申し上げます。

　本書を、法人税務の参考書としてご利用いただき、少しでも皆様方のお役に立てていただければ幸いです。

　また、今後、更に充実した内容としていきたいと考えておりますので、皆様方のご意見を賜りますようお願いいたします。

　なお、本書は、関東信越国税局課税第二部法人課税課に勤務する者が、休日等を利用して執筆したもので、文中意見にわたる部分は、個人的な見解であることを念のため申し添えます。

　令和6年4月

　　　　　　　　　　　　　　　　國　見　雅　英

─〔凡　　例〕─

本書中に引用する法令等については、次の略称を使用しています。

法……………………………法人税法
令……………………………法人税法施行令
規……………………………法人税法施行規則
措法…………………………租税特別措置法
措令…………………………租税特別措置法施行令
措規…………………………租税特別措置法施行規則
通則法………………………国税通則法
耐令…………………………減価償却資産の耐用年数等に関する省令
基通…………………………法人税基本通達
措通…………………………租税特別措置法関係通達（法人税編）
耐通…………………………耐用年数の適用等に関する取扱通達
消法…………………………消費税法
地法法………………………地方法人税法
地法令………………………地方法人税法施行令
地法規………………………地方法人税法施行規則
電帳法………………………電子計算機を使用して作成する国税関係帳簿書
　　　　　　　　　　　　　類の保存方法等の特例に関する法律
電帳法規則…………………電子計算機を使用して作成する国税関係帳簿書
　　　　　　　　　　　　　類の保存方法等の特例に関する法律施行規則
平23.12改正法 ………………経済社会の構造の変化に対応した税制の構築を
　　　　　　　　　　　　　図るための所得税法等の一部を改正する法律
　　　　　　　　　　　　　（平成23年法律第114号）
平23.12改正令 ………………法人税法施行令の一部を改正する政令（平成23
　　　　　　　　　　　　　年政令第379号）
平27改正法…………………所得税法等の一部を改正する法律（平成27年法
　　　　　　　　　　　　　律第 9 号）
平28改正法…………………所得税法等の一部を改正する法律（平成28年法
　　　　　　　　　　　　　律第15号）
平28改正措令………………租税特別措置法施行令等の一部を改正する政令
　　　　　　　　　　　　　（平成28年政令第159号）
平29改正法…………………所得税法等の一部を改正する等の法律（平成29
　　　　　　　　　　　　　年法律第 4 号）
平29改正令…………………法人税法施行令等の一部を改正する政令（平成
　　　　　　　　　　　　　29年政令第106号）
平30改正法…………………所得税法等の一部を改正する法律（平成30年法

（注）　本書は、令和6年4月1日現在の法律等により解説しており、令和6
年度の主な税制改正項目については巻末に収録しています。実際の申
告・納税においては最新の法令、通達等をご確認ください。

<h1 style="text-align:center">〔目　　次〕</h1>

法人税とは どんな税金か

法人税は法人の所得に対して課税される税金で、いわゆる国税、収得税、直接税に属する税金です。

1　法人税とは

　法人税は、法人の所得を基準として法人に対して課せられる税金であり、広い意味での所得税の一種です。

　個人の所得に対して課せられる税金を所得税と呼んでおり、法人の所得に対して課せられる税金を法人税と呼んでいます。

2　法人税の性格は

　現行法人税の性格については、幾つかの考え方があり単純に定義づけることは困難ですが、基本的には、法人は単なる株主の集合体にすぎず、法人税は株主に課される所得税の前払いであるとする考え方がとられています。

3　法人税の特色は

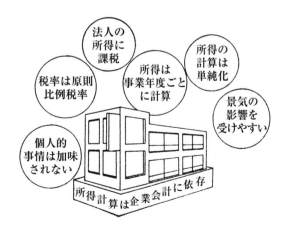

4　法人の種類と課税内容は

法人の種類			課税所得等		
			各事業年度の所得	清算中の事業年度の所得（平成22年9月30日以前に解散した場合）	清算所得（平成22年9月30日以前に解散した場合）
内国法人 国内に本店又は主たる事務所を有する法人（注1、2）（法2三）	公共法人	法人税法別表第一に掲げる法人（法2五）例 地方公共団体、土地区画整理組合、日本放送協会など	納税義務なし（法4②）		
	公益法人等	法人税法別表第二に掲げる法人（法2六）例 宗教法人、学校法人、社会福祉法人、公益社団法人、公益財団法人など	収益事業からなる所得に対してのみ低税率課税（一般社団法人等（注3）は普通税率課税）（法4①、7、66①～③、措法42の3の2）	同　左（旧法5、7）	非課税（旧法7）
	協同組合等	法人税法別表第三に掲げる法人（法2七）例 農業協同組合、漁業協同組合、消費生活協同組合、信用金庫など	全ての所得に対し低税率課税（法4①、5、66③、措法42の3の2）	各事業年度の所得に対する法人税は非課税（旧法6）。なお、清算所得に対する法人税を予納（旧法102①、103①、105、106）	低税率課税（旧法5、99②）
	人格のない社団等	法人でない社団又は財団で代表者又は管理人の定めがあるもの（法2八）例 PTA、同窓会、同業者団体など	収益事業からなる所得に対してのみ普通税率課税（法4①、7、66①②、措法42の3の2）	同　左（旧法5、7）	非課税（旧法7）
	普通法人	上記以外の法人（法2九）例 株式会社、合名会社、合資会社、合同会社、医療法人、企業組合など	全ての所得に対し普通税率課税（法4①、5、66①②、措法42の3の2）	各事業年度の所得に対する法人税は非課税（旧法6）。なお、清算所得に対する法人税を予納（旧法102①、103①、105、106）	普通税率課税（旧法5、99①）
外国法人 内国法人以外の法人（法2四）	人格のない社団等	（法2八）	国内源泉所得のうち収益事業からなるものに対してのみ普通税率課税（法4③、9、141、143①②、措法42の3の2）	同　左	非課税（旧法9）
	普通法人	（法2九）	国内源泉所得に対してのみ普通税率課税（法4③、9、141、143①②、措法42の3の2）	同　左	非課税（旧法9）

（注）1　税率については、「法人税額はどう計算するか（205ページ）」を参照してください。

　　　2　米国のLLC（Limited Liability Company）は原則として外国法人として取り扱われます。

　　　3　一般社団法人等とは、法人税法別表第二に掲げる一般社団法人及び一般財団法人並びに公益社団法人及び公益財団法人をいいます。

　　　4　退職年金業務等を行う法人にあっては、上記のほか、退職年金等積立金（平成11年4月1日から令和8年3月31日までの間に開始する各事業年度の退職年金等積立金を除きます。）に対し特別税率による課税がされます。

※　本書は、単体申告法人（グループ通算（連結納税申告）法人以外の法人）の取扱いについての記載を基本としています。グループ通算制度（連結納税制度）に関しては、「連結納税制度からグループ通算制度へ（251ページ）」に記載しています。

各事業年度の所得はどう計算するか

法人税の課税の対象となる各事業年度の所得の金額は、その事業年度の益金の額から損金の額を控除して計算します（法22）。

1　課税所得の計算は

課税所得 ＝ 益金の額 － 損金の額

益金の額 ＝ 企業会計上の収益

　＋ 益金算入額 － 益金不算入額

損金の額 ＝ 企業会計上の費用

　＋ 損金算入額 － 損金不算入額

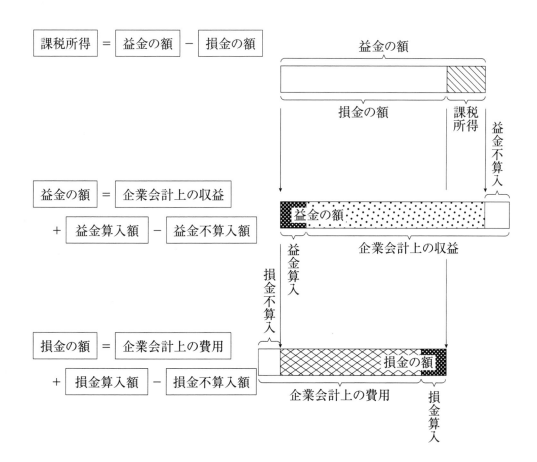

■ 具体的には

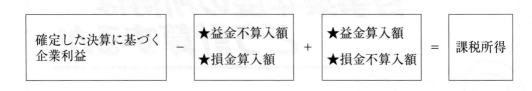

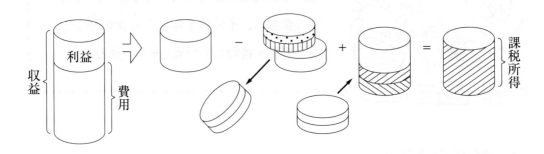

益金不算入………企業会計上は収益となるが税法上は益金の額に算入されない部分
（例）受取配当等の益金不算入）

益金算入…………企業会計上は収益とならないが税法上は益金の額に算入される部分
（例）国庫補助金等に係る特別勘定の要取崩額又は目的外取崩額）

損金算入…………企業会計上は費用とならないが税法上は損金の額に算入される部分
（例）青色申告法人の繰越欠損金）

損金不算入………企業会計上は費用となるが税法上は損金の額に算入されない部分
（例）交際費等の損金不算入）

2 企業利益と課税所得とに差異が生ずる原因は

(1) 企業体概念の相違→資本と利益の概念の相違

(2) 収益と益金、費用と損金の年度帰属の相違

(3) 課税目的、課税技術上の考慮

(4) 期間計算の例外→損益の通算

(5) 産業政策、社会政策の導入

益金とは、損金とは

法人税法では、課税所得金額の計算の基礎となる益金の額及び損金の額について通則的規定と別段の定めを置いています。

1 益金の額に算入する金額は

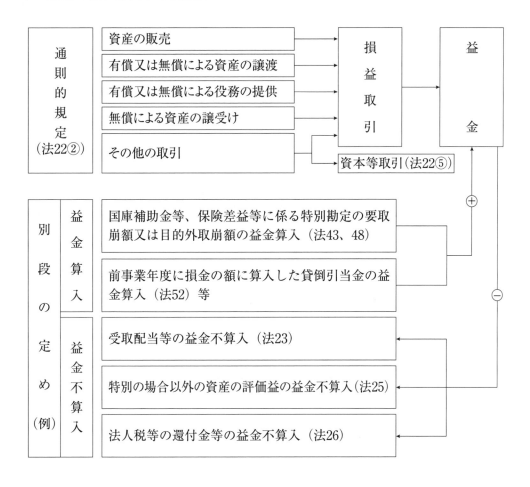

通則的規定（法22②）	資産の販売		損益取引	益金
	有償又は無償による資産の譲渡	→		
	有償又は無償による役務の提供	→		
	無償による資産の譲受け	→		
	その他の取引			

資本等取引（法22⑤）

別段の定め（例）	益金算入	国庫補助金等、保険差益等に係る特別勘定の要取崩額又は目的外取崩額の益金算入（法43、48）
		前事業年度に損金の額に算入した貸倒引当金の益金算入（法52）等
	益金不算入	受取配当等の益金不算入（法23）
		特別の場合以外の資産の評価益の益金不算入（法25）
		法人税等の還付金等の益金不算入（法26）

2　損金の額に算入する金額は

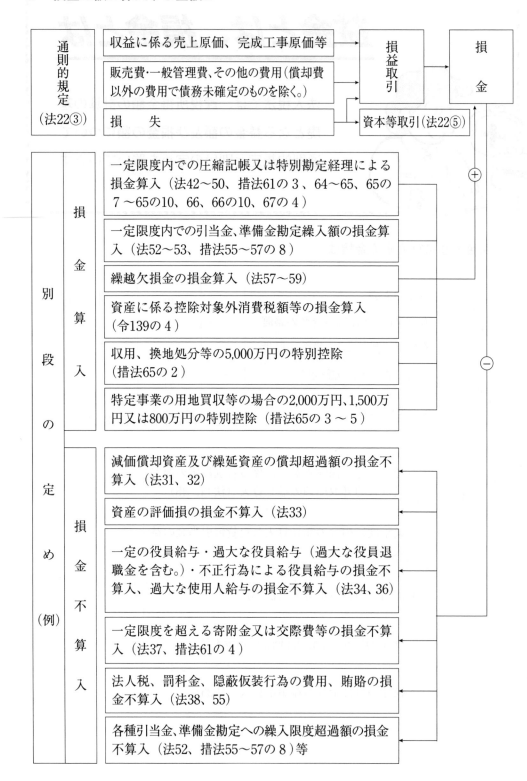

通則的規定 （法22③）	収益に係る売上原価、完成工事原価等	→	損益取引	→	損金
	販売費・一般管理費、その他の費用（償却費以外の費用で債務未確定のものを除く。）	→			
	損　失	→	資本等取引（法22⑤）		

別段の定め（例）

損金算入
- 一定限度内での圧縮記帳又は特別勘定経理による損金算入（法42～50、措法61の3、64～65、65の7～65の10、66、66の10、67の4）
- 一定限度内での引当金、準備金勘定繰入額の損金算入（法52～53、措法55～57の8）
- 繰越欠損金の損金算入（法57～59）
- 資産に係る控除対象外消費税額等の損金算入（令139の4）
- 収用、換地処分等の5,000万円の特別控除（措法65の2）
- 特定事業の用地買収等の場合の2,000万円、1,500万円又は800万円の特別控除（措法65の3～5）

損金不算入
- 減価償却資産及び繰延資産の償却超過額の損金不算入（法31、32）
- 資産の評価損の損金不算入（法33）
- 一定の役員給与・過大な役員給与（過大な役員退職金を含む。）・不正行為による役員給与の損金不算入、過大な使用人給与の損金不算入（法34、36）
- 一定限度を超える寄附金又は交際費等の損金不算入（法37、措法61の4）
- 法人税、罰科金、隠蔽仮装行為の費用、賄賂の損金不算入（法38、55）
- 各種引当金、準備金勘定への繰入限度超過額の損金不算入（法52、措法55～57の8）等

企業利益と課税所得との調整はどう行うか

課税所得は、株主総会等で承認された確定決算上の企業利益を基礎として、これに税務計算上の調整（申告調整）を行って算出します。

1 税務調整にはどのような事項があるか

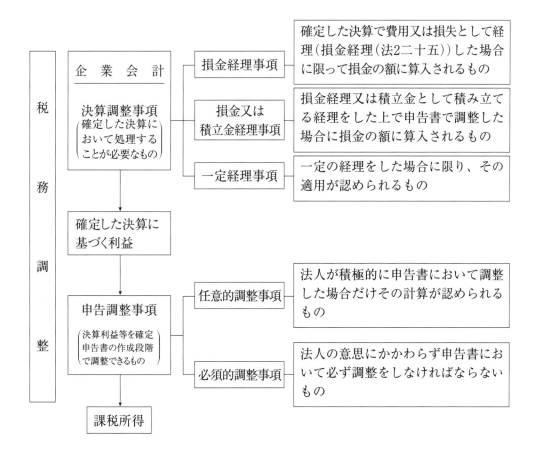

- 企業会計
  - 決算調整事項（確定した決算において処理することが必要なもの）
    - 損金経理事項 ── 確定した決算で費用又は損失として経理（損金経理（法2二十五））した場合に限って損金の額に算入されるもの
    - 損金又は積立金経理事項 ── 損金経理又は積立金として積み立てる経理をした上で申告書で調整した場合に損金の額に算入されるもの
    - 一定経理事項 ── 一定の経理をした場合に限り、その適用が認められるもの
  - 確定した決算に基づく利益
- 申告調整事項（決算利益等を確定申告書の作成段階で調整できるもの）
  - 任意的調整事項 ── 法人が積極的に申告書において調整した場合だけその計算が認められるもの
  - 必須的調整事項 ── 法人の意思にかかわらず申告書において必ず調整をしなければならないもの
- 課税所得

税務調整

2 税務調整の具体的内容は

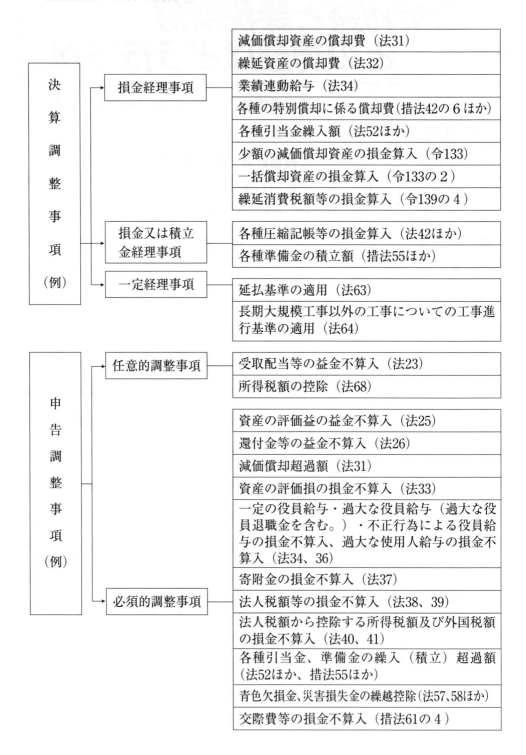

```
                    ┌─ 損金経理事項 ──┬─ 減価償却資産の償却費（法31）
                    │                 ├─ 繰延資産の償却費（法32）
                    │                 ├─ 業績連動給与（法34）
  決                │                 ├─ 各種の特別償却に係る償却費（措法42の6ほか）
  算                │                 ├─ 各種引当金繰入額（法52ほか）
  調                │                 ├─ 少額の減価償却資産の損金算入（令133）
  整                │                 ├─ 一括償却資産の損金算入（令133の2）
  事                │                 └─ 繰延消費税額等の損金算入（令139の4）
  項 ───────────────┤
 （例）             ├─ 損金又は積立 ──┬─ 各種圧縮記帳等の損金算入（法42ほか）
                    │  金経理事項      └─ 各種準備金の積立額（措法55ほか）
                    │
                    └─ 一定経理事項 ──┬─ 延払基準の適用（法63）
                                      └─ 長期大規模工事以外の工事についての工事進行基準の適用（法64）


                    ┌─ 任意的調整事項 ─┬─ 受取配当等の益金不算入（法23）
                    │                  └─ 所得税額の控除（法68）
                    │
                    │                  ┌─ 資産の評価益の益金不算入（法25）
  申                │                  ├─ 還付金等の益金不算入（法26）
  告                │                  ├─ 減価償却超過額（法31）
  調                │                  ├─ 資産の評価損の損金不算入（法33）
  整                │                  ├─ 一定の役員給与・過大な役員給与（過大な役
  事                │                  │  員退職金を含む。）・不正行為による役員給
  項 ───────────────┤                  │  与の損金不算入、過大な使用人給与の損金不
 （例）             │                  │  算入（法34、36）
                    │                  ├─ 寄附金の損金不算入（法37）
                    └─ 必須的調整事項 ─┼─ 法人税額等の損金不算入（法38、39）
                                       ├─ 法人税額から控除する所得税額及び外国税額
                                       │  の損金不算入（法40、41）
                                       ├─ 各種引当金、準備金の繰入（積立）超過額
                                       │  （法52ほか、措法55ほか）
                                       ├─ 青色欠損金、災害損失金の繰越控除（法57、58ほか）
                                       └─ 交際費等の損金不算入（措法61の4）
```

青色申告

青色申告をするためには

青色申告をするためには、税務署長に承認の申請書を提出し、あらかじめ承認を得ることが必要です（法121、122）。

1　承認申請書の提出期限は

区　　　分		提　出　期　限
原　　　則 （法122①）		青色申告の承認を受けようとする事業年度開始の日の前日
新 設 法 人 の 場 合 （法122②）	○普通法人 ○協同組合等	（設立第１期） 設立の日以後３か月を経過した日と設立後最初の事業年度終了の日とのうちいずれか早い日の前日（注１）
	○公益法人等 ○人格のない 　社団等	（収益事業開始第１期） 新たに収益事業を開始した日以後３か月を経過した日と収益事業を開始した事業年度終了の日とのうちいずれか早い日の前日（注１）
	公益法人等に 該当していた ○普通法人 ○協同組合等	（移行第１期（注２）） 普通法人又は協同組合等に該当することとなった日以後３か月を経過した日と移行後最初の事業年度終了の日とのうちいずれか早い日の前日（注１）

（注）1　設立第１期、収益事業開始第１期又は移行第１期の事業年度が３か月に満たない場合の、設立等第２期の事業年度における青色申告の承認申請書の提出期限は、次のいずれか早い日の前日となります（法122②四）。

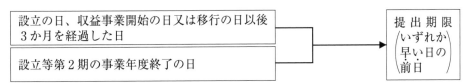

2　移行第１期とは、公益法人等（収益事業を行っていないものに限ります。）に該当していた普通法人又は協同組合等が普通法人又は協同組合等に該当することとな

った日の属する事業年度をいいます。

3　青色申告の承認申請につき、税務署長が承認又は却下の処分をするときは、書面により通知することとされていますが、青色申告書の提出を開始しようとする事業年度終了の日（その事業年度について中間申告書を提出すべき法人については、その事業年度開始の日以後6か月を経過する日）までに承認又は却下の処分の通知がなかったときは、その日において、青色申告の承認があったものとみなされます（法124、125）。

2　青色申告書の提出の可否は

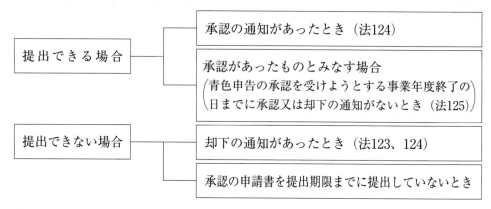

3　青色申告の承認の取消し

次の場合は、青色申告の承認が取り消されます（法127）。
(1)　帳簿書類の備付け、記録又は保存が法令で定めるところに従って行われていない場合
(2)　帳簿書類について税務署長が行った必要な指示に従っていない場合
(3)　帳簿書類に取引の全部又は一部を隠蔽し又は仮装して記載し又は記録し、その他その記載又は記録をした事項の全体についてその真実性を疑うに足りる相当の理由がある場合
(4)　確定申告書をその提出期限までに提出しなかった場合

ポイント

次の場合は、青色申告の承認申請が却下されます（法123）。
○　帳簿書類の備付け、記録又は保存が法律の規定に従って行われていない場合
○　備付帳簿書類に取引の全部又は一部を隠蔽し又は仮装して記載し又は記録していることその他不実の記載があるなどの場合
○　申請書が①青色申告の承認の取消通知受領日又は②青色申告の取りやめ届出書の提出日以後1年以内に提出されたものである場合

青色申告

青色申告の特典は

青色申告法人には、法人税法及び租税特別措置法に各種の特典が設けられています。

青色申告法人の主な特典は、次のとおりです。

法人税法	青色申告書を提出した事業年度に生じた欠損金の翌期以降の繰越し（法57）
	欠損金の繰戻しによる法人税額の還付（法80）
	帳簿書類の調査に基づく更正（法130①）
	更正通知書への更正の理由付記（法130②）
	推計による更正又は決定の禁止（法131）

租税特別措置法	試験研究を行った場合の法人税額の特別控除（措法42の4）
	高度省エネルギー増進設備等を取得した場合の特別償却又は法人税額の特別控除（旧措法42の5、令3改正法附則44）
	中小企業者等が機械等を取得した場合の特別償却又は法人税額の特別控除（措法42の6）
	沖縄の特定地域において工業用機械等を取得した場合の法人税額の特別控除（措法42の9）
	国際戦略総合特別区域において機械等を取得した場合の法人税額の特別控除（措法42の11）

```
                ┌─ 地方活力向上地域等において雇用者の数が増加した場合の
                │  法人税額の特別控除（措法42の12）
                │
                ├─ 中小企業者等が特定経営力向上設備等を取得した場合の特
                │  別償却又は法人税額の特別控除（措法42の12の4）
                │
                ├─ 給与等の支給額が増加した場合の法人税額の特別控除（旧
                │  ：給与等の引上げ及び設備投資を行った場合の法人税額の
                │  特別控除）（措法42の12の5）
                │
 租 税 特 別 ───┼─ その他の特別償却等（措法43〜46の2、47、48）
 措  置  法    │
                ├─ 特別償却不足額の繰越し（措法52の2）
                │
                ├─ 準備金方式による特別償却（措法52の3）
                │
                ├─ 各種準備金の積立て（措法55〜57の8、58、61の2）
                │
                ├─ 新鉱床探鉱費又は海外新鉱床探鉱費の特別控除
                │  （措法59）
                │
                ├─ 技術研究組合の所得の計算の特例（措法66の10）
                │
                └─ 中小企業者等の少額減価償却資産の取得価額の損金算入の
                   特例（措法67の5）
```

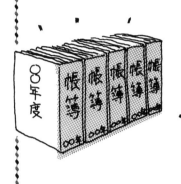

青色申告

帳簿書類の記帳保存はどうするのか

青色申告法人は、法定の帳簿書類を備え付けて取引を記録し、かつ、その帳簿書類を一定期間保存することが必要です（法126）。

なお、令和3年度から令和5年度の税制改正において、電帳法の改正等が行われ、帳簿書類の電子データ保存制度が見直されました。

1　記録保存方法は

記載事項	(イ) 法人の資産、負債及び資本に影響を及ぼす一切の取引（規53）。 (ロ) 現金、当座預金、売上、仕入などの区分別に記載、例えば、現金については「取引の年月日、事由、出納先及び金額並びに日々の残高」を記載する（規54、同別表21）。
記載方法	(イ) 複式簿記の原則に従い、整然と、かつ、明瞭に記録すること（規53）。 (ロ) 仕訳帳には、取引の発生順に取引の年月日、内容、勘定科目及び金額を記載すること（規55①）。 (ハ) 総勘定元帳には、その勘定ごとに記載の年月日、相手方勘定科目及び金額を記載すること（規55②）。 (ニ) 棚卸表を作成すること（規56）。
保存の方法	(イ) 帳簿書類は整理して原則として7年間保存しなければなりません（規59①）。 (ロ) 確定申告書の提出期限から3年又は5年経過以後はマイクロフイルムにより保存することも認められますが、マイクロフィルムリーダープリンター等を設置しておくこと等の一定の要件を満たすことが必要です（規59③）。

2　帳簿書類の電子データ保存制度

(1)　電子データ等による保存制度

国税関係帳簿書類のうち記録段階からコンピュータ処理によっている帳簿書類については、一定の要件の下で、電子データによる保存が認められます

（電帳法4①②、電帳法規則2②③）。

　また、原本が紙の国税関係書類の一部についても、一定の要件の下で、スキャナ保存が認められます（電帳法4③、電帳法規則2④～⑦⑨）。

（注）　令和4年1月1日前に帳簿書類を電磁的記録によって保存（スキャナ保存も同様）する場合には、税務署長の承認を受けることが必要です（令3改正電帳法附則82①～③）。

⑵　電子データ交換の手法を使用した取引に係る電子データの保存

　法人が電子取引を行った場合には、改ざん防止や検索機能など一定の要件に従ってその取引に係る電磁的記録を保存しなければなりません（電帳法7、電帳法規則4）。

（注）1　令和4年1月1日前に電子取引を行った場合には、その電磁的記録を出力した書面又はマイクロフィルムで保存することも認められます（令3改正法附則82⑥）。

　　　2　令和5年12月31日までに行う電子取引については、保存すべき電子データをプリントアウトして保存し、税務調査等の際に提示・提出できるようにしていれば差し支えありません（経過措置）（令3改正電帳法規則附則2③）。

　　　3　令和6年1月1日以後に行う電子取引については、次の①・②の要件をいずれも満たしている場合には、改ざん防止や検索機能など保存時に満たすべき要件に沿った対応は不要となり、電子取引データを単に保存しておくことができることとされました（猶予措置）（令5改正電帳法規則附則2②）。

　　　　①　保存時に満たすべき要件に従って電子取引データを保存することができなかったことについて、所轄税務署長が相当の理由があると認める場合（事前申請等は不要です。）

　　　　②　税務調査等の際に、電子取引データのダウンロードの求め及びその電子取引データをプリントアウトした書面の提示・提出の求めにそれぞれ応じることができるようにしている場合

【帳簿書類等の電子データ保存制度の概要】

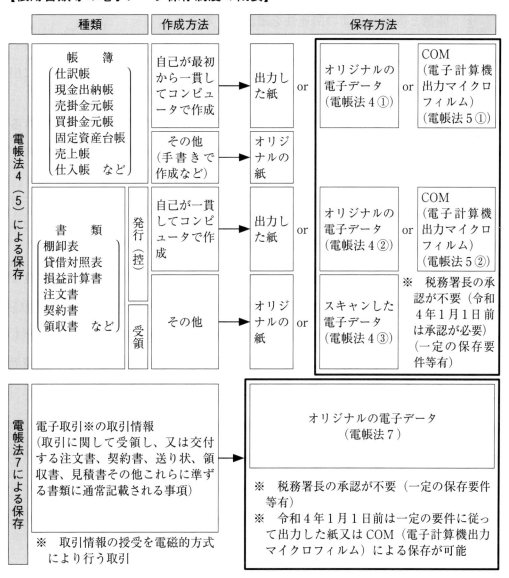

○　帳簿書類は、①その記録を通じて税法に規定する所得金額が正確に計算され、かつ、決算を誘導的に行うために全ての取引を網羅的に記載したものであること、②一般に公正妥当な会計慣行により作成されるものであること、③その所得金額が正しいということを確認することができるための検証可能性のあるものであることが必要です。

○　国税関係帳簿書類の保存を電子データ等により行うには、

① 記録事項の訂正、削除を行った場合に、その事実や内容を確認できること
② 帳簿と書類との間の関連性を確認できること
③ システムの概要を記載した書類等を備え付けること
④ 電子データ等の保存場所において画面及び書面に整然、かつ、明瞭に出力できる装置及びそれらの取扱説明書を備え付けること
⑤ 取引年月日、勘定科目、取引金額等の条件により検索することができること

などの要件を満たしていることが必要です（電帳法規則2②③）。

○ スキャナ保存できる書類は、棚卸表、貸借対照表及び損益計算書並びに計算、整理又は決算に関して作成されたその他の書類以外のものです（電帳法4③、電帳法規則2④）。

○ 令和4年1月1日以後に法定申告期限が到来する国税については、優良な電子帳簿に係る過少申告加算税の軽減措置（電帳法8④、電帳法規則5①⑤、令3改正電帳法附則82⑦）及びスキャナ保存（電子取引の電子データ保存も同様）された電磁的記録に関連した不正があった場合の重加算税の加重措置（電帳法8⑤、令3改正電帳法附則82⑧）が適用されます。

欠　損　金

欠損金が生じたら どうするか

欠損金は？

青色申告法人は、欠損金の繰越控除制度と繰戻し還付制度とのいずれかを選択適用することができます（法57、80、措法66の12）。

1　欠損金の繰越控除は

　各事業年度開始の日前10年以内に開始した事業年度（注1）で青色申告書を提出した事業年度に生じた欠損金額（欠損金の繰戻しによる還付の基礎とされた金額を除きます。）がある場合には、各事業年度の所得の金額の計算上その欠損金額に相当する金額が損金の額に算入されます。ただし、中小法人等（注2）以外の法人は、各事業年度の所得の金額（注3）の50％に相当する金額（注4）が限度となります。

要件	①　その事業年度開始の日前10年以内に開始した事業年度の欠損金であること
	②　欠損金の生じた事業年度において青色申告書である確定申告書を提出していること
	③　欠損金の生じた事業年度以降連続して確定申告書を提出していること
	④　欠損金の生じた事業年度に係る帳簿書類を保存していること
	⑤　欠損金の控除は古い年度から順次行うこと（基通12―1―1）

（注）1　平成27年度及び平成28年度の税制改正において「前9年以内に開始した事業年度」
　　　　から「前10年以内に開始した事業年度」に改正されましたが、この改正は、平成30
　　　　年4月1日以後に開始する事業年度において生じた欠損金額について適用されます
　　　　（平27改正法附則27①、平28改正法18による平27改正法附則27①の一部改正）。
　　　　　上記改正に伴い、次の措置が講じられています。
　　　⑴　青色欠損金の繰越控除制度の適用に係る帳簿書類の保存要件について、その保
　　　　存期間が10年に延長されます。
　　　⑵　法人税の欠損金額に係る更正の期間制限が10年に延長されます。

(3) 法人税の欠損金額に係る更正の請求期間が10年に延長されます。

　　なお、上記の改正は、平成30年4月1日以後に開始する事業年度において生じた欠損金額について適用されます。

2　中小法人等とは、各事業年度終了の時において次の法人に該当するものをいいます（法57⑪一）。

(1) 普通法人のうち、資本金の額若しくは出資金の額が1億円以下であるもの又は資本若しくは出資を有しないもの。ただし、次に掲げる法人に該当するものは除きます。

　　イ　次の一の大法人による完全支配関係がある法人

　　　(イ)　資本金の額又は出資金の額が5億円以上である法人

　　　(ロ)　保険業法に規定する相互会社及び外国相互会社

　　　(ハ)　受託法人

　　ロ　完全支配関係がある複数の大法人に発行済株式等の全部を保有されている法人

(2) 公益法人等又は協同組合等

(3) 人格のない社団等

3　各事業年度の所得の金額とは、青色申告書を提出した事業年度の欠損金の損金算入の規定（法57①本文）を適用せず、かつ、会社更生等による債務免除等があった場合の欠損金の損金算入の規定（法59③）、解散事業年度の期限切れ欠損金の損金算入の規定（法59④）及び残余財産確定事業年度の事業税の損金算入の規定（法62の5⑤）を適用しないものとして計算した場合における所得の金額をいいます。

4　平成23年12月の税制改正において「各事業年度の所得の金額」から「各事業年度の所得の金額の80％に相当する金額」に改正されましたが、この改正は平成24年4月1日以降に開始する事業年度について適用されます（平23.12改正法附則10）。

　　また、平成27年度及び平成28年度の税制改正において控除限度額について、次のとおり段階的に引き下げることとされました（平27改正法附則27②）。

　　なお、中小法人等については、現行の控除限度額が適用されます。

　　　平成24年4月1日〜平成27年3月31日に開始する事業年度

　　　　　　……所得の金額の100分の80相当額

　　　平成27年4月1日〜平成28年3月31日に開始する事業年度

　　　　　　……所得の金額の100分の65相当額

　　　平成28年4月1日〜平成29年3月31日に開始する事業年度

　　　　　　……所得の金額の100分の60相当額

　　　平成29年4月1日〜平成30年3月31日に開始する事業年度

　　　　　　……所得の金額の100分の55相当額

　　　平成30年4月1日以後に開始する事業年度

　　　　　　……所得の金額の100分の50相当額

《損金算入イメージ図》
〈３月決算・中小法人等以外の法人の例〉

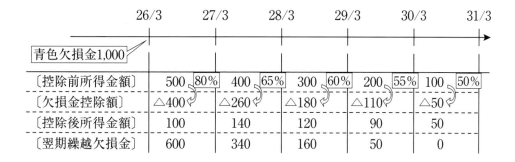

	26/3		27/3		28/3		29/3		30/3		31/3
青色欠損金1,000											
〔控除前所得金額〕	500	80%	400	65%	300	60%	200	55%	100	50%	
〔欠損金控除額〕	△400		△260		△180		△110		△50		
〔控除後所得金額〕	100		140		120		90		50		
〔翌期繰越欠損金〕	600		340		160		50		0		

2　欠損金の繰越控除ができない場合は

　欠損法人が、特定の株主等によって株式を保有され、従前からの事業を廃止するなど、一定の事由に該当する場合は、欠損金額の繰越しができません（法57の２）。

⑴　対象となる法人は

　特定支配関係（注１）となった日の属する事業年度前に生じた青色欠損金又は評価損資産（注２）を有する法人です（以下「欠損法人」といいます。）。

　（注）１　特定支配関係とは、その法人の発行済株式の総数の50％を超える株式を直接又は間接に保有する関係をいいます。

　　　２　評価損資産とは、特定支配関係となった日において有する固定資産や有価証券等で、その日における時価が帳簿価額に満たない資産をいいます。

⑵　どのようなときに

　欠損法人が、特定支配関係となった日以後５年の間に、次のいずれかの事由に該当することとなった場合は、その該当することとなった日の属する事業年度（適用事業年度）以後の各事業年度において適用事業年度前に生じた欠損金額の繰越しができないことになります。

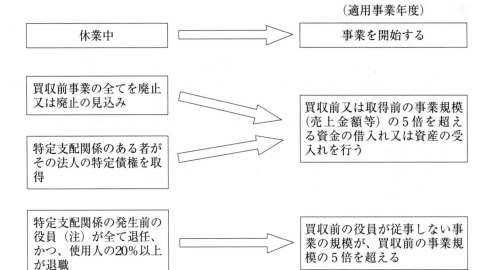

（注） ここでいう役員とは、副社長、代表取締役、代表執行役、専務取締役及び常務取締役等で法人の経営に従事している者をいいます。

3 認定事業適応法人の欠損金の損金算入の特例（控除限度額の引上げ）は

認定事業適応法人（注1）の適用事業年度（注2）において欠損金の繰越控除制度を適用する場合において、欠損金額のうちに特例欠損事業年度（注3）において生じたものがあるときは、超過控除対象額に相当する金額を欠損金の繰越控除制度において損金算入することができる金額に加算されます（旧措法66の11の4①）。

この超過控除対象額として加算する金額は、次の①〜③までの金額のうち、最も少ない金額となります（旧措法66の11の4②）。

①	特例事業年度において生じた欠損金額(A)	−	(A)のうち法人税法第57条第1項の規定によりその適用事業年度前の各事業年度に損金の額に算入された金額の合計額	+	(A)のうち本特例を適用しないとした場合に法人税法第57条第1項の規定によりその適用事業年度の所得の金額の計算上損金の額に算入されることとなる金額
②	その適用事業年度終了の日までに認定事業適応計画に従って行った投資の額	−	その適用事業年度前の各事業年度で本特例の適用を受けた場合における各特例事業年度（注２）において生じた欠損金額に係る超過控除対象額の合計額	+	その適用事業年度における当該特例事業年度前の各特例事業年度において生じた欠損金額に係る超過控除対象額の合計額(B)
③	その適用事業年度の欠損控除前所得金額	×	50%	−	(B)

(注) 1　認定事業適応法人とは、青色申告書を提出する法人で産業競争力強化法等の一部を改正する等の法律の施行の日から同日以後1年を経過する日までの間に産業競争力強化法第21条の15第1項の認定を受けたもののうちその認定に係る同法第21条の28第1項に規定する認定事業適応事業者をいいます（旧措法66の11の4①）。

2　適用事業年度とは、産業競争力強化法第21条の15第1項の認定に係る認定事業適応計画に記載された実施時期内の日を含む各事業年度のうち、次のイ〜ロに掲げる要件の全てを満たす事業年度をいいます（旧措法66の11の4①）。

イ　経済社会情勢の著しい変化によりその事業の遂行に重大な影響を受けた事業年度として一定の証明がされた事業年度（特例事業年度）のうちその開始の日が最も早い事業年度後の各事業年度で欠損控除前所得金額が生じた最初の事業年度開始の日以後5年以内に開始する事業年度であること。

ロ　令和8年4月1日以前に開始する事業年度であること。

ハ　中小法人等（23ページ参照）に該当する事業年度でないこと。

3　特例欠損事業年度とは、特例事業年度において生じた欠損金額のうち超過控除対象額がある場合におけるその特例事業年度をいいます（旧措法66の11の4②）。

4　本特例は、適用を受ける事業年度の確定申告書等に超過控除対象額及びその超過控除対象額の計算に関する明細を記載した書類の添付がある場合に限り、適用されます（旧措法66の11の4⑤）。

5　本特例は、令和5年度税制改正により廃止されましたが、令和5年4月1日前に開始した事業年度において生じた欠損金額については、従前どおり適用されます（令5改正法附則49）。

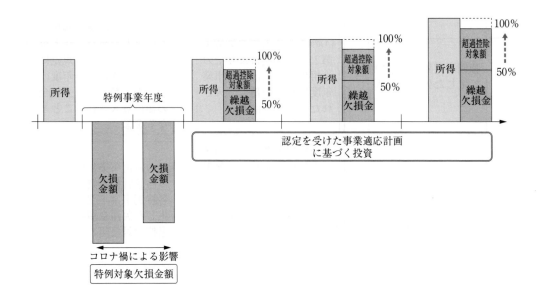

4 欠損金の繰戻し還付は

　欠損金が生じた事業年度（欠損事業年度）において、その欠損金額を欠損事業年度開始の日前1年以内に開始した事業年度（還付所得事業年度）の所得に繰り戻して、その事業年度の所得に対する法人税額の還付を請求する制度です（法80）。

（注）　平成29年度税制改正において災害損失の繰戻しによる法人税額の還付の措置が講じられています。なお、災害損失の繰戻しによる場合は、青色申告以外の法人や資本金の額又は出資金の額が1億円超の法人も適用可能です（詳細は266ページ参照）。

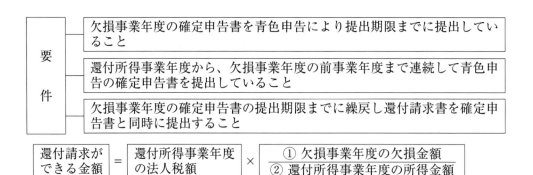

（注）　①の金額が②の金額を超えるときは、①の金額は②の金額とします。

例1：当期の欠損金額が前期の所得金額を下回る場合

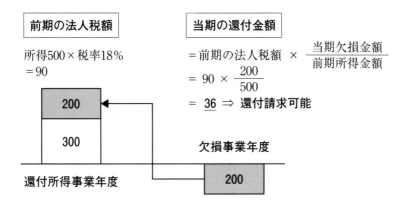

例2：当期の欠損金額が前期の所得金額を上回る場合

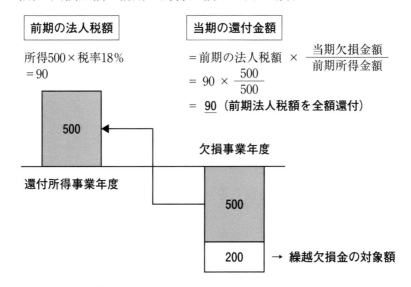

(1) 中小法人等への適用

　平成4年4月1日から令和6年3月31日までの間に終了する事業年度において生じた欠損金については、後述する(2)の場合、清算中に終了する場合及び災害損失欠損金額が生じた場合等を除き、制度の適用が停止されています（措法66の12）。

　ただし、中小法人等については、不適用措置の対象から除かれていますので、制度を適用することができます。

　なお、中小法人等とは、次の①～④の法人をいいます。

①イ　普通法人のうち、欠損事業年度終了の時における資本金の額又は出資

金の額が1億円以下であるもの。ただし、次に掲げる法人に該当するものを除きます。

  (イ) 次の一の大法人による完全支配関係がある法人

    ・資本金の額又は出資金の額が5億円以上である法人

    ・相互会社及び外国相互会社

    ・受託法人

  (ロ) 完全支配関係がある複数の大法人に発行済株式等の全部を保有されている法人

 ロ 普通法人のうち、資本又は出資を有しないもの（保険業法に規定する相互会社及び外国相互会社を除きます。）

② 公益法人等又は協同組合等

③ 法人税法以外の法律によって公益法人等とみなされているもので次に掲げる法人（措令39の24②）

 ・認可地縁団体

 ・管理組合法人

 ・団地管理組合法人

 ・政党法人（法人である政党等）

 ・防災街区整備事業組合

 ・特定非営利活動法人

 ・マンション建替組合

 ・マンション敷地売却組合

④ 人格のない社団等

(2) 解散等の事実による欠損金の繰戻し

次のような解散等の事実が生じた場合には、欠損金の繰戻しによる法人税の還付を求めることができます。

① 解散（適格合併による解散を除きます。）

② 事業の全部の譲渡

③ 更生手続の開始

④ 事業の全部の相当期間の休止又は重要部分の譲渡により、欠損金の繰越

しの規定の適用を受けることが困難になると認められる場合

⑤　再生手続開始の決定

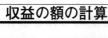
商品の販売による収益はいつ計上すべきか

商品や製品等（棚卸資産）の販売による収益（売上）は、通常その商品などの「引渡し」があった日に計上します（法22の2①）。

1　通常の形態での商品販売における収益の計上は

　原則として、その商品、製品を相手方に引き渡した日に収益に計上します。

　ただし、一般に公正妥当と認められる会計処理の基準に従い引渡しの日に近接する日に収益を計上している場合には、その近接する日において収益計上することが認められます（法22の2②）。

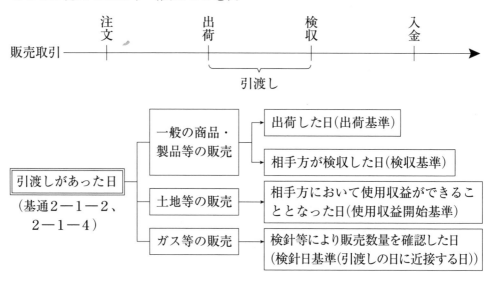

ポイント

○　平成30年度税制改正により、商品の販売等による収益計上時期を、原則としてその引渡し等の日とすることが明確化されました。

○　引渡しの基準は、その販売の形態に照らして合理的と認められる基準を選

んで継続的に採用することが必要ですが、法人が適用する計上日が、その引渡しの日として合理的であり、かつ、継続的に適用する場合には、取引先や資産の種類ごとに異なる基準（例えば、出荷基準と検収基準）を併用しても差し支えありません（基通2―1―2）。

2 特殊な形態での商品販売における収益の計上は

特例として延払基準による収益の計上も認められています。

法人税法第64条の2第3項に規定するリース取引による同条第1項に規定するリース資産の引渡しを法人税法上「リース譲渡」といいます（法63①）。

リース譲渡を行った場合で、目的物の引渡しのあったときに収益に計上するといういわゆる「販売基準」に代えて、支払期日の到来した賦払金の合計金額に応じて経理するいわゆる「延払基準」の方法により経理した場合には、収益等の一部を繰り延べることが認められています。

延払基準による各事業年度の収益及び原価の額は、次の算式により計算します（令124）。

| 収益の額＝対価の額×賦払金割合 |
| 費用の額＝（原価の額＋手数料の額）×賦払金割合 |
| 賦払金割合＝$\dfrac{\text{分母のうち当期中に支払期日が到来する賦払金の合計額}}{\text{リース譲渡の対価の額}}$ |

ポイント

○　長期割賦販売等に該当する特定資産の販売等について、延払基準により収益の額及び費用の額を計算する選択制度は、所要の経過措置を講じた上、廃止されました。

なお、平成30年4月1日前に長期割賦販売等に該当する特定資産の販売等を行った法人の経過措置事業年度については、改正前の延払基準の方法により収益の額及び費用の額を計算することができます（平30改正法附則28①、平30改正令附則13①）。

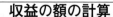
収益の額の計算

請負による収益はいつ計上すべきか

建設工事等の請負による収益は、その工事期間、請負金額に応じて、工事完成基準又は工事進行基準により計上します。

1 請負による収益計上時期は

請負には、物の引渡しを要するもの（建築請負等）と、物の引渡しを要しないで役務の提供だけのもの（運送、技術指導等）とがあり、それぞれの収益計上時期は、次のようになっています。

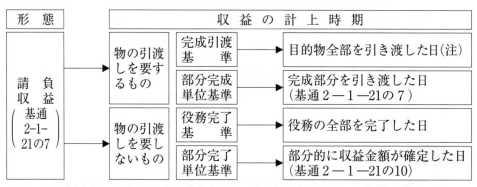

形　態	収　益　の　計　上　時　期		
請　負収　益（基通2-1-21の7）	物の引渡しを要するもの	完成引渡基　準	目的物全部を引き渡した日(注)
		部分完成単位基準	完成部分を引き渡した日（基通2-1-21の7）
	物の引渡しを要しないもの	役務完了基　準	役務の全部を完了した日
		部分完了単位基準	部分的に収益金額が確定した日（基通2-1-21の10）

(注)　建設工事等の請負契約における引渡しの日とは、例えば、次のような日があげられます（基通2-1-21の8）。

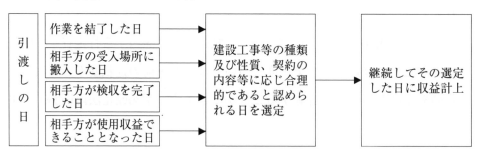

引渡しの日	作業を結了した日	建設工事等の種類及び性質、契約の内容等に応じ合理的であると認められる日を選定	継続してその選定した日に収益計上
	相手方の受入場所に搬入した日		
	相手方が検収を完了した日		
	相手方が使用収益できることとなった日		

2 工事の請負による収益計上時期

　長期大規模工事以外の工事については、原則として工事が完成し目的物を引渡した日に収益を計上します。

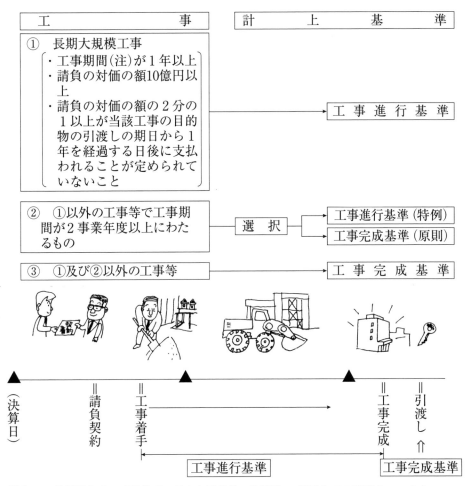

（注）　工事期間とは、工事着手の日から目的物の引渡しの期日までの期間をいいます。

3 工事進行基準（法64、令129）

(1) 長期大規模工事

　工事期間が1年以上で、かつ、請負金額10億円以上の長期大規模工事（製造及びソフトウエアの開発を含みます。）については、工事契約において、対価の額の50％以上がその引渡しの期日から1年を過ぎて支払うことが定められていないものであるときは、工事進行基準により、各事業年度の収益の

額及び費用の額を計算します。

なお、長期大規模工事に該当する場合には、工事進行基準が強制適用となります。

(2) 長期大規模工事以外の工事

長期大規模工事以外の工事についても、工事期間が２事業年度以上にわたる場合、確定決算で経理したときは工事進行基準によることが認められますが、以後の事業年度においても継続適用しなければなりません。

(3) 工事進行基準による収益及び費用の額

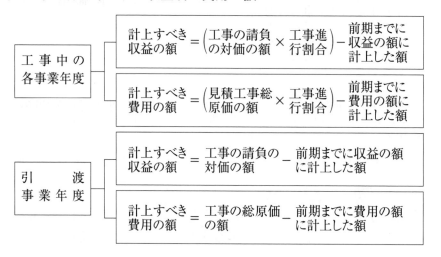

工事中の各事業年度

$$計上すべき収益の額 = \left(工事の請負の対価の額 \times 工事進行割合\right) - 前期までに収益の額に計上した額$$

$$計上すべき費用の額 = \left(見積工事総原価の額 \times 工事進行割合\right) - 前期までに費用の額に計上した額$$

引渡事業年度

$$計上すべき収益の額 = 工事の請負の対価の額 - 前期までに収益の額に計上した額$$

$$計上すべき費用の額 = 工事の総原価の額 - 前期までに費用の額に計上した額$$

(注) 工事進行割合は $\dfrac{発生工事原価の累計額}{見積工事総原価の額}$ による等、その工事の進行の度合を示すものとして合理的であると認められるものに基づいて計算した割合をいいます（令129③）。

ポイント

○ 工事完成基準により経理することとしていた工事が、長期大規模工事に該当することとなった場合には、原則として、その事業年度から工事進行基準を適用することになります。

○ 工事（追加工事を含みます。）の請負の対価の額が事業年度終了時において確定していないときには、事業年度終了時の現況により、当該工事につき見積もられる工事原価の額を工事の請負の対価の額とみなすことになります（令129④）。

売上の収益計上時期

> 問 当社では、機械部品を製造しＡ社に納品していますが、Ａ社では、検収した後、検収通知書を送付してきます。この通知書の送付は、当社が製品を納入してから約15日ほど後になってからです。
>
> この場合でも、検収通知書が送付された日をもって売上計上することとして差し支えないでしょうか。

答 **継続適用を条件として検収通知書が送付された日をもって売上計上することとしても差し支えありません。**

解説 棚卸資産の販売による収益は、その引渡しがあった日の属する事業年度の益金の額に算入することとされています（基通２－１－２）。

そして、引渡しがあった日とは、例えば製品を出荷した日、相手方が検収した日、相手方が使用収益可能となった日など、引渡しがあった日として合理的であると認められる日のうち、法人が継続して収益計上を行うこととしている日によるものとされています（基通２－１－２）。

不動産の仲介あっせん報酬の収益計上時期

> 問 当社は、不動産業を営んでいますが、土地、建物等の売買についての仲介あっせん報酬は、売買契約の成立時に一部を、残額は取引が完了したときに受領することとしております。
>
> この場合、この仲介あっせん報酬は、いつの時点で収益に計上すればよいでしょうか。

答 **原則として、売買等に係る契約の効力が発生した日の属する事業年度に収益計上する必要があります。**

解説 原則として、売買契約の成立の日の属する事業年度の収益となりますが、取引が完了した日の属する事業年度の収益とする経理を継続して適用している場合は、その経理が認められます（基通２－１－21の９）。

ただし、この場合であっても、取引が完了した日前に現実に収受した部分の仲介あっせん報酬の金額は、その収受した日の属する事業年度の収益としなければなりません。

営業補償料の収益計上時期

> **問** 当社は、隣接のK銀行からの申し入れにより、当社の店舗敷地とK銀行所有の土地とを交換することになりました。交換条件として当社が新しい土地に店舗を設けて営業を始めるまでの24か月間（令和3年6月～5年5月）の営業補償料として720万円をK銀行から受け取ることとなり、当期（令和4年3月期）中にK銀行から当社の口座へ一括して入金がありました。
> この場合、当期においては300万円（令和3年6月～4年3月分）を益金の額に算入することでよろしいでしょうか。

答 営業補償料は支払を受けた時点の益金となります。

解説 受け取った営業補償料は、24か月という期間に対応する営業の休止、廃止等の損失の補償であるとしても、この24か月というのは営業補償料の計算の基礎期間といえます。この営業補償料は、仮に1年で開業できる状態となっても返還しないものですので、その金額は支払を受けた時の収益の額となるものであって、期間の経過とともに実現するという収益ではありませんから、支払を受けた日の属する事業年度の益金の額に算入することになります（基通2－1－40）。

高年齢者雇用推進助成金の収益計上時期

> **問** 当社は、3月決算の法人ですが、昨年の11月に高年齢者を採用したことから、雇用保険法に基づく高年齢雇用継続基本給付金の交付を受けることになりました。交付請求は翌期になりますが、高年齢者に支給した11月～3月分の給料に係る奨励金を見積もって益金の額に算入するのでしょうか。

答 支給決定のあった時点で益金に算入することになります。

解説 経費の補てんを前提とした給付金は、その交付金額が具体的に確定していない場合であっても、その金額を見積もって益金の額に算入する必要がありますが、高年齢雇用継続基本給付金のように、具体的な経費支出の補てんという性格のものではなく、一定基準に基づいて支給される助成金については、支給決定があった時点で益金の額に算入することになります（基通2－1－42注書）。

収益の額の計算

商品の販売による収益はいくらで計上すべきか

資産の販売等に係る収益の額として所得の金額の計算上、益金の額に算入する金額は、原則として、引渡し時の価額等とされています（法22の2④）。

1 資産の引渡しの時の価額等

資産の販売等に係る収益の額（注1）として所得の金額の計算上、益金の額に算入する金額は、その販売若しくは譲渡をした資産の引渡しの時における価額又はその提供をした役務につき通常得べき対価の額に相当する金額（以下「引渡し時の価額等」といいます。）とすることが明確化（注2）されており、この引渡し時の価額とは、原則として資産の販売等につき第三者間で取引されたとした場合に通常付される価額をいいます。なお、引渡しの日の属する事業年度終了の日までにその販売代金が確定していない場合は、その事業年度末の現況により適正に見積もって収益計上します（基通2―1―1の10）。

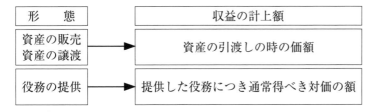

形　　態	収益の計上額
資産の販売資産の譲渡	資産の引渡しの時の価額
役務の提供	提供した役務につき通常得べき対価の額

（注）1　無償による資産の譲渡を含みます。この無償による資産の譲渡には、金銭以外の資産による利益又は剰余金の分配及び残余財産の分配又は引渡しその他これらに類する行為を含みます（法22の2⑥）。

2　平成30年4月1日以後終了する事業年度の所得に対する法人税について適用され、同日前に終了した事業年度の所得に対する法人税については従前のとおりです（平30改正法附則19）。

2 変動対価

　新会計基準上、取引価格の算定にあたっては、顧客と約束した対価のうち変動する可能性のある部分（会計上の変動対価）の影響を考慮することとされています。

　一方、法人税法上、引渡し時の価額等は、金銭債権の貸倒れや資産の買戻しが生ずる可能性がある場合においても、その可能性がないものとした場合における価額とされています（法22の2⑤）。したがって、法人税法上の変動対価とは、資産の販売等に係る契約の対価について、貸倒れ及び買戻しを除く値引き、値増し、割戻しその他の事実（値引き等の事実）により変動する可能性がある部分の金額をいいます。

　なお、次の要件の全てを満たす場合、次の②により算定される変動対価は、引渡し時の価額等の算定に反映させます（基通2―1―1の11）。

要件	①　値引き等の事実の内容及び値引き等の事実が生ずることにより契約の対価の額から減額若しくは増額をする可能性のある金額又はその金額の客観的な算定基準が、その契約若しくは法人の取引慣行若しくは公表した方針等により相手方に明らかにされていること又はその事業年度終了の日において内部的に決定されていること
	②　過去における実績を基礎とする等合理的な方法のうち法人が継続して適用している方法により①の減額若しくは増額をする可能性又は算定基準の基礎数値が見積もられ、その見積りに基づき収益の額を減額し、又は増額することとなる変動対価が算定されていること
	③　①を明らかにする書類及び②の算定根拠となる書類が保存されていること

3 収益の額に係る修正の経理

　資産の販売等に係る収益の額について、公正処理基準に従って、引渡し等の日の属する事業年度後の事業年度の確定した決算で修正の経理をした場合に、その引渡し等の日の属する事業年度に益金の額に算入された金額に、その修正の経理により増加した金額を加算、又はその修正の経理により減少した金額を控除した金額がその資産の販売等に係る引渡し時の価額等に相当するときは、その修正の経理により増加し、又は減少した金額は、その修正の経理をした事

業年度の所得の金額の計算上、益金の額又は損金の額に算入されます。ただし、貸倒れ及び買戻しの事実が生ずる可能性の変動に基づく修正の経理をした場合を除きます（法22の2⑦、令18の2①）。

　また、引渡し等の日の属する事業年度にその収益の額につき適正に益金算入され、上記の適用がない場合において、資産の販売等に係る収益の額について、引渡し等の日の属する事業年度後に生じた事情によりその資産の販売等に係る引渡し時の価額等が変動したときは、その変動により増加し、又は減少した価額は、その変動することが確定した事業年度の所得の計算上、益金の額又は損金の額に算入されます（法22の2⑦、令18の2③）。

(注)1　平成30年4月1日以後終了する事業年度の所得に対する法人税について適用され、同日前に終了した事業年度の所得に対する法人税については従前のとおりです（平30改正法附則19）。

　　　2　単なる収益の計上漏れの修正は、公正処理基準に従った修正の経理には該当しないと考えられます。

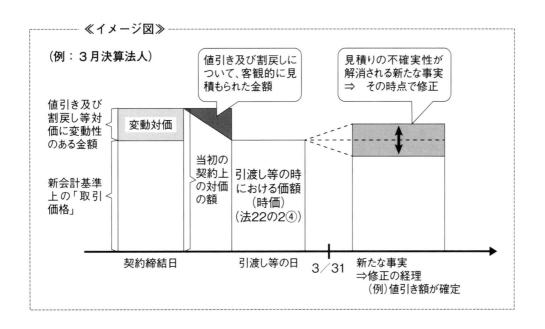

― 35 ―

収益の額の計算

受取配当等の益金不算入について

法人が受けた利益の配当等は、企業会計上の収益となりますが、法人税法上は一定の申告手続を条件にこれを益金の額に算入しないことができます（法23）。

1　益金不算入の対象となる配当は

利益の処分・剰余金の分配等	投資信託の収益の分配等
○　剰余金の配当（株式又は出資に係るものに限り、資本剰余金の額の減少に伴うもの並びに分割型分割によるもの及び株式分配を除きます。） ○　利益の配当（分割型分割によるもの及び株式分配を除きます。） ○　剰余金の分配（出資に係るものに限ります。） ○　金銭の分配（投資信託法137） ○　中間配当（資産流動化法115①） ○　みなし配当（法24） ○　名義株等の配当（基通3－1－1）	○　特定株式投資信託（外国株価指数連動型特定株式投資信託を除きます。）（措法67の6①）

2　益金不算入額の計算は

受取配当等の益金不算入額は、次の①～④の合計額となります。

①　完全子法人株式等（注1）に係る配当等の額（全額）

②　| 関連法人株式等（注2、4）に係る配当等の額 | － | 関連法人株式等に係る負債利子額 |

③　| その他の株式等に係る配当等の額 | ×50%

④　| 非支配目的株式等（注3、4、5）に係る配当の額 | ×20%　（注6）

— 36 —

(注)1　完全子法人株式等とは、配当等の額の計算期間の初日から計算期間の末日まで継続して内国法人と配当等を行う他の内国法人との間に完全支配関係があった場合の株式等をいいます（法23⑤、令22の2）。

2　関連法人株式等とは、法人が、配当等を行う他の内国法人の発行済株式又は出資の総数又は総額の3分の1を超える数又は金額の株式等を、その配当等の額の計算期間の初日からその計算期間の末日まで引き続き有している場合におけるその株式等をいいます（法23④、令22）。

3　非支配目的株式等とは、法人が他の内国法人の発行済株式又は出資の総数又は総額の100分の5以下を、他の内国法人から受ける配当等の額の支払に係る基準日において有する場合の株式等をいいます（法23⑥、令22の3①）。

4　関連法人株式等や非支配目的株式等などの区分判定について、令和4年4月1日以後開始する事業年度においては、その配当等の額を受ける内国法人との間に完全支配関係がある他の法人を含めた持株割合で判定します（令2改正法附則1五ロ）。

5　特定株式投資信託（外国株価指数連動型特定投資信託を除きます。）の場合は、非支配目的株式等と同様の取扱いとなります（措法67の6）。

6　保険会社が保有する非支配目的株式等は40％となります（措法67の7）。

ポイント

○　受取配当等には、建設利息の配当、事業分量分配金、契約者配当金、外国法人からの配当は含まれません。

○　③及び④については、負債利子がある場合の控除計算（負債利子控除）の対象となりません。

○　負債利子控除額の計算には、基準年度の割合で計算する簡便法もあります。

○　令和4年4月1日以後開始する事業年度から、負債利子の控除額の計算は関連法人株式等に係る配当等の額の100分の4相当額とする概算控除となります。

○　受取配当等の益金不算入は、確定申告書、修正申告書又は更正の請求書に益金の額に算入されない配当等の額及びその計算に関する明細を記載した書類の添付がある場合に限り適用されます（法23⑦）。

3　外国子会社配当等の益金不算入制度

　内国法人が外国子会社(注)から受ける剰余金の配当等の額がある場合には、一定の申告手続を条件に、その内国法人の各事業年度の所得の計算上、益金の額に算入しないこととされます（法23の2①）。

$$
\boxed{\begin{array}{c} \text{外国子会社配当等} \\ \text{の益金不算入の額} \end{array}} = \boxed{\begin{array}{l} \text{外国子会社から} \\ \text{受ける剰余金の} \\ \text{配当等の額} \end{array}} - \boxed{\begin{array}{l} \text{外国子会社から} \\ \text{受ける剰余金の} \\ \text{配当等の額} \times 5\% \end{array}}
$$

（注）　外国子会社とは、その内国法人が保有している外国法人の発行済株式等の25％以上を保有し、かつ、配当等の支払義務が確定する日以前6か月以上引き続き保有している外国法人をいいます（令22の4①）。

資産の贈与や債務免除を受けたときは

資産の贈与や債務の免除を受けた場合には、特定の場合を除いて受贈益又は債務免除益として益金の額に算入します（法22②、22の2⑥）。

	事例			当　社	相手方（法人）
原則的取扱い	無償で譲受け			資産の時価が受贈益になります。	左の受贈益に相当する金額が原則として寄附金になります。
	低額で譲受け			資産の時価と譲受価額との差額が受贈益になります。	
	債務の免除			免除を受けた金額が債務免除益になります。	左の債務免除益に相当する金額が原則として寄附金又は貸倒損失になります。
例外的取扱い	広告宣伝目的（基通4-2-1～2）		専ら広告宣伝に使用される看板、ネオンサイン、どん帳など	受贈益になりません。	取得価額に相当する金額が繰延資産になります（令14①六二、基通8-1-8）。
			メーカー等の商品や社名が表示され広告宣伝を目的としていることが明らかな自動車、陳列ケース、陳列棚、冷蔵庫、容器など	（メーカー等の取得価額×2/3）－（当社が支出した額）＝受贈益（注1）	
	未払役員給与（注2）又は未払配当	給与を支払わない場合	業況不振でかつ不払金を同一基準で計算しているもの	債務免除益としないことができます（基通4-2-3）。	
			上記以外のもの	免除を受けた金額が債務免除益になります（基通4-2-3注書）。	左の債務免除益に相当する金額が寄附金になります。
		配当を支払わない場合			

（注）1　受贈益の金額が30万円以下の場合は、受贈益はないものとされます。
　　　2　損金の額に算入されない給与で、各人別に支給額が確定しているものに限ります。

― 39 ―

販売費・一般管理費等はいつ計上すべきか

販売費・一般管理費等は、償却費や引当金などの特別なものを除き債務が確定した事業年度において計上します（法22③二）。

　販売費、一般管理費等でその事業年度終了の日までに債務が確定しているものとは、別に定めるものを除き、次の要件の全てに該当するものをいいます（基通2—2—12）。

① その事業年度終了の日までにその費用に係る債務が成立していること
② その事業年度終了の日までにその債務に基づいて具体的な給付をすべき原因となる事実が発生していること
③ その事業年度終了の日までにその金額を合理的に算定することができるものであること

ポイント

○　例えば、自動車の修理を依頼し、期末までに修理が完了してその修理代金の見積りが客観的に可能な状態になっていれば、上記３つの要件の全てに該当することになりますので、修繕費の未払計上ができますが、期末までに修理が完了していなければ、たとえ修理代金の見積りが可能であるとしても上記の要件を満たさないことになりますので、修繕費の未払計上は認められないことになります。

短期の前払費用の処理はどうするのか

前払費用のうち、その支出の日から1年以内に提供を受ける役務に係るものは、継続適用を条件として、支払った日の属する事業年度において損金に計上することができます（基通2－2－14）。

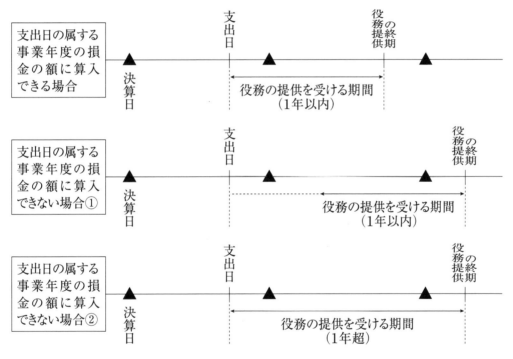

支出日の属する事業年度の損金の額に算入できる場合	決算日　支出日　役務の提供終期　役務の提供を受ける期間（1年以内）
支出日の属する事業年度の損金の額に算入できない場合①	決算日　支出日　役務の提供終期　役務の提供を受ける期間（1年以内）
支出日の属する事業年度の損金の額に算入できない場合②	決算日　支出日　役務の提供終期　役務の提供を受ける期間（1年超）

ポイント

○　例えば、借入金を預金、有価証券等に運用する場合のその借入金に係る支払利子のように、収益の計上と対応させる必要があるものについては、たとえ1年以内の短期の前払利子であるからといっても、支払時点に一括して損金の額に算入することは認められません（基通2－2－14注書）。

○　前払費用とは、一定の契約に基づき、継続的に役務の提供を受けるために支出した費用で、期末までにまだ役務の提供を受けていないものをいい、例えば、土地建物の賃借料、保険料、借入金の利子、信用保証料などがこれに該当します。

したがって、一定の時期に特定のサービス（役務の提供）を受けるためにあらかじめ支出した対価（例えば、前払給与、顧問料、テレビのCM料等）、あるいは、物の購入や生産に要する対価はこれに該当しません。

一年契約で支払った広告宣伝費

問　当社は、不動産業を営んでおりますが、当期（令和3年4月1日～令和4年3月31日）に、K広告会社との間で次のような1年間の広告宣伝契約を締結し、その代金を手形で一括して契約日に支払いました。

この広告宣伝費については、短期の前払費用として、手形振出時の一時の損金として処理して差し支えありませんか。

〈契約内容等〉
○　契 約 日　令和4年3月1日
○　業務内容　チラシの作成と新聞への折込み（毎週土曜日のみ）
○　契約期間　令和4年3月1日から令和5年2月28日
○　契約金額　2,400万円
○　手形振出　令和4年3月1日
○　支払方法　200万円×12回の手形支払
○　手形期日　令和4年3月から令和5年2月の各月末

答　基通2－2－14の適用はなく、実際にチラシの作成と新聞への折込みが行われたときに、その費用を損金の額に算入することになります。

解説　基通2―2―14では、「前払費用の額は、当該事業年度の損金の額に算入されないのであるが、法人が、前払費用の額でその支払った日から1年以内に提供を受ける役務に係るものを支払った場合において、その支払った額に相当する金額を継続してその支払った日の属する事業年度の損金の額に算入しているときは、これを認める。」としています。

なお、この場合の「前払費用」とは、一定の契約に基づき継続的に役務の提供

を受けるために支出した費用のうち、期末においてまだ提供を受けていない役務に対応するものをいいます。したがって、一定の時期に特定のサービスを受けるためにあらかじめ支払った対価は、前払金であって前払費用ではないので、この通達の適用はないことになります。

　事例の場合、毎週土曜日における新聞への折込み等という一定の時期における特定のサービスを受けるためにあらかじめ支払った対価と認められ、前払金であるといえます。

　ところで、この通達の「支払った場合」には、一般的には、支払手段としての手形の振出しが含まれると解されていますが、支払期日前に一括して振り出す手形については、借用証文的なものであり、支払手段としての手形の振出しとは認められません。

　したがって、事例の場合も、手形の振出しだけでは現実に支払ったものとはいえないことから、手形の期日において現実に支払われたときが「支払った日」となります。

短期前払費用の取扱い

> 問　当社は3月決算の法人ですが、次のような支払い（未払計上）を継続的に行った場合、基通2－2－14（短期の前払費用）の取扱いを適用して、支払った（未払計上した）全額をその支払った日の属する事業年度の損金の額に算入することはできますか。
> 　1　期間を30年とする契約により借りた土地の賃料について、3月末に4月分の賃料50万円を支払う場合
> 　2　期間を20年とする契約により借りた土地の賃料について、3月末に翌年分（4月から翌3月分）の賃料240万円を前払いにより支払う場合
> 　3　期間を10年とする契約により借りた建物の賃料について、2月末に翌年分（4月から翌3月分）の賃料144万円を前払いにより支払う場合
> 　4　1年分（4月から翌3月分）の賃料を前払いすることとした契約により借りた店舗の賃料について、当期末において未払計上している場合

答
1　支払った賃料50万円全額を損金の額に算入することができます。
2　支払った賃料240万円全額を損金の額に算入することができます。

3　短期前払費用には該当せず、損金算入は認められません。

4　短期前払費用には該当せず、損金算入は認められません。

解説　前払費用とは、法人が一定の契約に基づいて継続的に役務の提供を受けるために支出した費用のうち、当該事業年度終了の時においてまだ提供を受けていない役務に対応するものをいい、法人が前払費用の額でその支払った日から1年以内に提供を受ける役務に係るものを支払った場合において、その支払った額に相当する金額を継続してその支払った日の属する事業年度の損金の額に算入しているときは、これを認めることとしています（基通2−2−14）。

　したがって、1及び2における賃料はともに前払費用に該当し、賃料を支払った日から1年以内に提供を受ける役務に係る費用に当たりますので、上記通達を適用し、支払った全額を当期の損金の額に算入することができます。

　しかし、3については、前払費用に該当し、その支払った前払費用に係る役務提供の期間についても1年以内であるものの、役務提供の終期が「支払った日から1年」を超えてしまうことから、上記通達を適用することはできず、当期においては損金の額に算入することはできません。

　また、前払費用とは既に支払っていることが前提とされていますので、4のように当期末において支払っていないものについては上記通達を適用することはできず、損金の額に算入することはできません。

毎期一定数量を取得する消耗品等の処理はどうするのか

消耗品その他これに準ずる棚卸資産の取得に要した費用のうち一定のものについては、その消耗品等を取得した事業年度に一時の損金の額に算入することができます（基通2-2-15）。

取得費用を一時の損金の額に算入することが認められる消耗品その他これに準ずる棚卸資産は、次のものです。

① 事務用消耗品	
② 作業用消耗品	
③ 包装材料	毎期おおむね一定数量を取得し、かつ、経常的に消費するものに限ります。
④ 広告宣伝用印刷物	
⑤ 見本品	
⑥ その他①から⑤に準ずる棚卸資産	

ポイント

○　一時の損金の額に算入するためには、毎期継続して適用する必要があります。

○　作業用消耗品には、手袋、タオル、ウエス、グリスなどのほか、その消耗状況からみて一般に消耗品として認識されている物品が含まれます。

○　損金の額に算入する金額が、製品の製造等のために要する費用としての性質を有する場合には、その金額は製造原価に算入することとなります（基通2-2-15注書）。

包装材料の棚卸計上

> 問 当社は、小売業を営み、包装紙、紙袋、ひも等の消耗品を多量に使用するため、常時数か月分の在庫を保有しております。
>
> このような場合は、決算期末において、これらの消耗品について、棚卸計上を省略できないでしょうか。

答 棚卸計上を省略することができます。

解説 商品の販売の際に用いられる包装用の消耗品で貯蔵中のものは棚卸資産に該当する（令10六）ので、期末未使用分は棚卸計上を要することになります。しかしながら、事務簡素化の見地から毎期おおむね一定数量を取得し、かつ、経常的に消費するものについては、期末における在庫の棚卸計上を省略し、継続的に取得時の損金の額に算入する処理が認められています（基通2－2－15）。

なお、びん詰製品のびん、化粧箱入り製品の化粧箱などのように製品の最終形態の一部を形成する容器等は、ここでいう包装材料には含まれませんのでご注意ください。

作業用消耗品

> 問 当社は、工作機械の製造業を営んでおりますが、工場で使用する手袋、ウエス、機械用の潤滑油等の消耗品は数か月分をまとめて購入しています。
>
> このため、毎期決算時には少なくとも1か月分の未使用分があることになりますが、事務簡素化のため購入時に損金の額に算入したいと思います。
>
> この場合、課税上問題はないでしょうか。

答 購入時に損金の額に算入することができますが、製造原価に算入することになります。

解説 毎期おおむね一定量の消費と補充が繰り返される作業用消耗品についても、包装材料等と同様に、その購入費用を継続して購入時の損金の額に算入することが認められています（基通2－2－15）。

なお、製品の製造等のために要する費用としての性質を有する場合には、製造原価に算入しなければなりません。

また、作業用工具のように反復して使用されるものは、作業用消耗品に該当せず、原則的には減価償却資産となりますのでご注意ください。

棚卸資産

商品の売上原価はどう計算するか

事業年度中に販売した商品や製品の売上に対応する売上原価は、販売総収益に対する総原価を求める方法で計算します。

1　売上原価の計算は

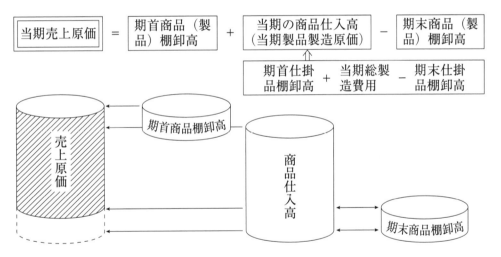

| 当期売上原価 | = | 期首商品（製品）棚卸高 | + | 当期の商品仕入高（当期製品製造原価） | − | 期末商品（製品）棚卸高 |

期首仕掛品棚卸高 ＋ 当期総製造費用 − 期末仕掛品棚卸高

2　棚卸資産とは（法2二十、令10）

　棚卸資産とは、販売することを目的として保有される財貨、用役又は投下される財貨、用役をいい、以下のようなものが当てはまります。

(1)　商品又は製品（副産物及び作業くずを含みます。）

(2)　半製品及び仕掛品（半成工事を含みます。）

(3)　主要原材料及び補助原材料

(4)　消耗品で貯蔵中のもの

(5)　その他これらに準ずる資産

棚卸資産

棚卸資産の取得価額はどう計算するか

棚卸資産の取得価額には、購入代価のほか引取費用などの付随費用が含まれます（令32）。

1 購入した資産は（令32①一）

取得価額（注）	=	購入の代価		+	消費し又は販売の用に供するために直接要した費用
		購入先に支払った代金	引取運賃、荷役費、運送保険料、購入手数料、関税(附帯税を除く)、その他購入のために要した費用		

（注）　デリバティブ取引による資産の取得の規定の適用があるもの等を除きます。

2 自社が建設、製造した資産は（令32①二）

取得価額	=	建設、製造等(注)の原価			+	消費し又は販売の用に供するために直接要した費用
		原材料費	労務費	経費		

（注）　製造等とは、製造、採掘、採取、栽培、養殖その他これらに準ずる行為をいいます。

3 交換、贈与、債務の弁済等で取得をした資産は（令32①三）

取得価額	=	取得のために通常要する価額（時価）	+	消費し又は販売の用に供するために直接要した費用

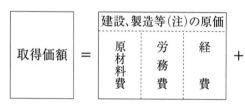

ポイント

○　購入した棚卸資産の取得価額

取得価額に含めるもの（基通5—1—1）

(1) 買入事務、検収、整理、選別、手入れ等に要した費用の額

(2) 販売所等から販売所等へ移管するために要した運賃、荷造費等の費用の額

(3) 特別の時期に販売するなどのため、長期にわたって保管するために要した費用の額

ただし、これらの費用の額の合計額が購入の代価のおおむね３％以内の少額である場合には、取得価額に含めないことができます。

| 取得価額に含めなくてもよいもの（基通５－１－１の２） |

次に掲げるような費用の額

(1) 不動産取得税の額

(2) 地価税、固定資産税、都市計画税及び特別土地保有税の額

(3) 登録免許税その他登記又は登録のために要する費用の額

(4) 借入金の利子の額

○　**製造した棚卸資産の取得価額**

| 取得価額に含めるもの（基通５－１－３） |

(1) 製造等の後において要した検査、検定、整理、選別、手入れ等の費用の額

(2) 製造場等から販売所等へ移管するために要した運賃、荷造費等の費用の額

(3) 特別の時期に販売するなどのため、長期にわたって保管するために要した費用の額

ただし、これらの費用の額の合計額が建設、製造等の原価のおおむね３％以内の少額である場合には、取得価額に含めないことができます。

| 取得価額に含めなくてよいもの（基通５－１－４） |

次に掲げるような費用の額

(1) 通常の賞与以外の賞与の額（例えば、創立何周年記念賞与のようなもの）

(2) 租税特別措置法に定める特別償却費の額

(3) 複写して販売するための原本となるソフトウエアの償却費の額

(4) 事業税及び特別法人事業税の額

(5) 相当期間にわたり生産を休止した場合の休止期間に対応する費用の額

(6) 償却超過額その他税務計算上の否認金額

(7) 借入金の利子の額

棚卸資産の評価には どんな方法があるか

棚卸資産の評価の方法には、取得価額をもってその評価額とする原価法とその評価額と期末時価とのいずれか低い価額をもって評価する低価法とがあります（令28）。

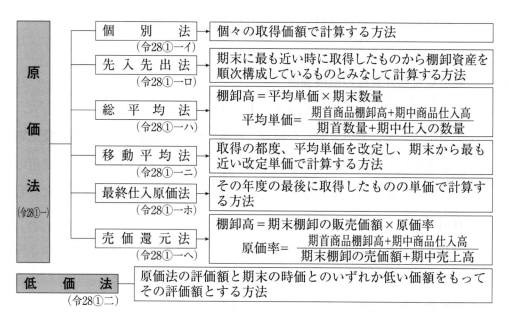

原価法（令28①一）	個 別 法（令28①一イ）	個々の取得価額で計算する方法
	先 入 先 出 法（令28①一ロ）	期末に最も近い時に取得したものから棚卸資産を順次構成しているものとみなして計算する方法
	総 平 均 法（令28①一ハ）	棚卸高＝平均単価×期末数量 平均単価＝$\dfrac{\text{期首商品棚卸高＋期中商品仕入高}}{\text{期首数量＋期中仕入の数量}}$
	移 動 平 均 法（令28①一ニ）	取得の都度、平均単価を改定し、期末から最も近い改定単価で計算する方法
	最終仕入原価法（令28①一ホ）	その年度の最後に取得したものの単価で計算する方法
	売 価 還 元 法（令28①一ヘ）	棚卸高＝期末棚卸の販売価額×原価率 原価率＝$\dfrac{\text{期首商品棚卸高＋期中商品仕入高}}{\text{期末棚卸の売価額＋期中売上高}}$
低 価 法（令28①二）		原価法の評価額と期末の時価とのいずれか低い価額をもってその評価額とする方法

ポイント

○　評価方法は、事業の種類ごとに、また、商品・製品、半製品、仕掛品、主要原材料、補助原材料その他の資産の区分ごとにいずれかの方法を選択して届け出ます（令29）。なお、届出をしなかった場合には、最終仕入原価法による原価法になります（法29①括弧書、令31）。

有価証券の譲渡損益は どう計算するか

有価証券の譲渡損益は、譲渡に係る対価の額から譲渡に係る原価の額を控除して計算します（法61の2）。

1　有価証券の譲渡損益の計算とは

(1)　通常の場合（法61の2①）

有価証券の譲渡に係る対価の額	>	有価証券の譲渡に係る原価の額	→	譲渡利益額	……益金の額に算入
有価証券の譲渡に係る対価の額	<	有価証券の譲渡に係る原価の額	→	譲渡損失額	……損金の額に算入

(2)　空売り取引（注1）の場合（法61の2⑳）

売付けをした有価証券の一単位当たりの譲渡対価の額に買戻数を乗じた金額	>	有価証券の買戻しに係る対価の額	→	譲渡利益額	……益金の額に算入
売付けをした有価証券の一単位当たりの譲渡対価の額に買戻数を乗じた金額	<	有価証券の買戻しに係る対価の額	→	譲渡損失額	……損金の額に算入

(3)　信用取引（注2）又は発行日取引（注3）の場合（法61の2㉑）

売付けをした株式のその売付けに係る対価の額	>	買付けをした株式のその買付けに係る対価の額	→	譲渡利益額	……益金の額に算入
売付けをした株式のその売付けに係る対価の額	<	買付けをした株式のその買付けに係る対価の額	→	譲渡損失額	……損金の額に算入

(注) 1　有価証券を有しないでその売付けをし、その後にその有価証券と同じ銘柄の有価証券の買戻しをして決済する取引等をいいます（上記(3)の信用取引又は発行日取引に該当するものを除きます。）。

　　 2　金融商品取引業者（証券会社等）が顧客に信用を供与して行う有価証券の売買その他の取引をいいます（金融商品取引法156の24①）。

　　 3　有価証券が発行される前にその有価証券の売買を行う取引で、金融商品取引法第161条の2に規定する取引及びその保証金に関する内閣府令（昭和28年大蔵省令第75号）第1条第2項に規定する発行日取引をいいます（規27の4②）。

2　譲渡に係る原価の額は（　　は法定算出方法）

有価証券を次のいずれかの区分ごとに、かつ、その種類ごとに選定した算出方法（一単位当たりの帳簿価額の算出方法）により算出した金額にその譲渡した有価証券の数を乗じて計算した金額となります（法61の2①二、令119の2）。

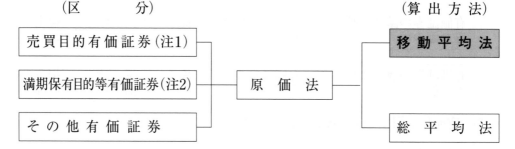

（区　　　分）　　　　　　　　　　　　　　　（算 出 方 法）

売 買 目 的 有 価 証 券（注1）

満 期 保 有 目 的 等 有 価 証 券（注2）　　原 価 法

そ の 他 有 価 証 券

移 動 平 均 法

総 平 均 法

(注) 1　売買目的有価証券とは、原則、次のものをいいます（令119の12）。

　　 (1)　短期的な価格変動を利用して利益を得る目的で行う取引に専ら従事する者が、短期売買目的でその取得の取引を行った有価証券

　　 (2)　短期売買目的で取得したものとして、取得の日に「売買目的有価証券」等の勘定科目により区分した有価証券（(1)に該当するものを除きます。）

　　 (3)　金銭の信託のうち、その信託財産となる金銭を支出した日において、短期売買目的有価証券を取得する目的である旨を帳簿書類に記載したもののその信託財産に属する有価証券

　　 2　満期保有目的等有価証券とは、次のものをいいます（令119の2②）。

　　 (1)　売買目的有価証券以外の有価証券で償還期限の定めのある有価証券のうち、償還期限まで保有する目的で取得し、かつ、取得の日にその旨を帳簿書類に記載した有価証券

(2) 法人の特殊関係株主等（法人の株主等と令4（同族関係者の範囲）に規定する特殊の関係その他これに準ずる関係のある者をいいます。）がその法人の発行済株式又は出資の総数又は総額の20％以上を有する場合のその特殊関係株主等の有するその法人の株式又は出資

ポイント

○　有価証券を新たに取得した場合には、一定の事由に該当する場合を除き、取得した日の属する事業年度の確定申告書の提出期限までにその有価証券の一単位当たりの帳簿価額の算出の方法を選定して、納税地の所轄税務署長に届出なければなりません（令119の5②）。

　　算出の方法を選定しなかった場合又は選定した方法により算出しなかった場合には、移動平均法により算出します（令119の7①）。

○　算出の方法を変更しようとするときは、変更しようとする事業年度開始の日の前日までに納税地の所轄税務署長に承認申請書を提出し、その承認を受ける必要があります（令119の6）。

3　有価証券の取得価額は

　　一単位当たりの帳簿価額算出の基礎となる取得価額の主なものは次のとおりです（令119）。

(1) 購入した有価証券（信用取引及びデリバティブ取引等の特殊な場合を除きます。）

　　　取得価額 ＝ 購入の代価 ＋ 購入手数料 ＋ その他購入のために要した費用

(2) 金銭の払込み等により取得した有価証券（次の(3)などに該当するものを除きます。）

　　　取得価額 ＝ 払込み等をした金額 ＋ その金銭の払込み等による取得のために要した費用

(3) 株式等無償交付(注)により取得した有価証券（次の(4)などに該当するものを除きます。）

　　　取得価額 ＝ 零

　　(注)　法人がその株主等に対して新たに金銭の払込み等をさせないでその法人の株式等を交付することをいいます。

(4) いわゆる有利発行の場合における払込み等により取得した有価証券（注）

$$\boxed{\text{取得価額}} = \boxed{\text{取得の時における有価証券の取得のために通常要する価額（時価）}}$$

（注） 新たな払込み等をせずに取得した有価証券を含み、法人の株主等が株主等と
して取得をした株式等で他の株主等に損害を及ぼすおそれがないと認められる
場合におけるその株式等などを除きます。

(5) 合併により交付を受けた合併法人の株式又はその親法人の株式（株式のみ
が交付された合併に限ります。）

$$\boxed{\text{取得価額}} = \boxed{\begin{array}{l}\text{被合併法人の株式の}\\\text{合併直前の帳簿価額}\end{array}} + \boxed{\text{みなし配当金額}} + \boxed{\begin{array}{l}\text{交付を受けるた}\\\text{めに要した費用}\end{array}}$$

(6) 分割型分割により交付を受けた分割承継法人の株式又はその親法人の株式
（株式のみが交付された分割に限ります。）

$$\boxed{\text{取得価額}} = \boxed{\begin{array}{l}\text{分割法人の株式}\\\text{の分割型分割の}\\\text{直前の帳簿価額}\end{array}} \times \boxed{\begin{array}{l}\text{令119の8①（分割型分割の場合の譲}\\\text{渡対価の額及び譲渡原価の額等）に}\\\text{規定する割合}\end{array}}$$

$$+ \boxed{\text{みなし配当金額}} + \boxed{\text{交付を受けるために要した費用}}$$

(7) 適格分社型分割又は適格現物出資により交付を受けた分割承継法人若しく
は分割承継親法人又は被現物出資法人の株式

$$\boxed{\text{取得価額}} = \boxed{\begin{array}{l}\text{適格分社型分割又は適格現物出資}\\\text{の直前の移転資産の帳簿価額}\end{array}} - \boxed{\text{移転負債の帳簿価額}}$$

$$+ \boxed{\text{交付を受けるために要した費用}}$$

(8) 令119①一～二十六以外の方法により取得した有価証券

$$\boxed{\text{取得価額}} = \boxed{\text{その取得のために通常要する価額}}$$

有 価 証 券

有価証券の評価損益は どう計算するか

売買目的有価証券については、時価法により評価し、その評価損益は益金又は損金の額に算入します（法61の3）。

1 有価証券の評価の方法は

（区　　分）　　　　　　　　　　　　　（評 価 方 法）

| 売 買 目 的 有 価 証 券 | 時　　価　　法 |

売買目的外有価証券
- 償還期限及び償還金額の定めのある有価証券 → 償却原価法（帳簿価額と償還金額との差額を各事業年度に配分して加減算する方法）
- 上記以外の有価証券 → 原価法（事業年度終了の時における帳簿価額）

2 売買目的有価証券の時価評価金額は

事業年度終了の時において有する有価証券を銘柄の異なるごとに区分し、同じ銘柄の有価証券について、次の有価証券の区分に応じた金額にその有価証券の数を乗じて計算します（令119の13）。

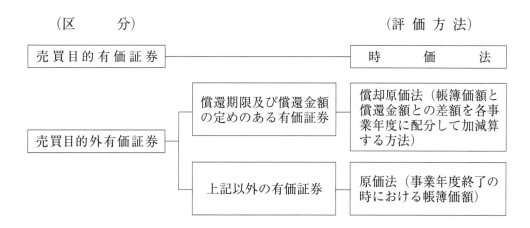

① 取引所売買有価証券 → 金融商品取引所において公表されたその事業年度終了の日におけるその取引所売買有価証券の最終の売買の価格（注1）

② 店頭売買有価証券及び取扱有価証券	→	金融商品取引法第67条の19の規定により公表されたその事業年度終了の日におけるその店頭売買有価証券及び取扱有価証券の最終の売買の価格（注1）
③ その他価格公表有価証券（注2）	→	価格公表者（注3）によって公表されたその事業年度終了の日におけるその他価格公表有価証券の最終の売買の価格（注1）

④ 上記①～③以外の有価証券	(イ) 償還期限及び償還金額の定めのある有価証券	→	償却原価法（帳簿価額と償還金額との差額を各事業年度に配分して加減算する方法）
	(ロ) (イ)以外の有価証券	→	原価法（事業年度終了の時における帳簿価額）

(注) 1　その終了の日の最終の売買の価格がない場合には、その終了の日の最終の気配相場の価格とし、その価格のいずれもない場合には、その終了の日に最も近い日における最終の売買の価格又は最終の気配相場の価格を基礎として計算した合理的な金額とします（令119の13一～三）。

　　　2　①及び②以外の有価証券のうち、価格公表者によって公表された売買の価格又は気配相場の価格があるものをいいます。

　　　3　有価証券の売買の価格又は気配相場の価格を継続的に公表し、かつ、その公表する価格がその有価証券の売買の価格の決定に重要な影響を与えている場合におけるその公表をする者をいいます（令119の13三）。

ポイント

○　売買目的有価証券に係る評価益又は評価損は、その事業年度の所得の金額の計算上、益金の額又は損金の額に算入されます。そして、翌事業年度開始の時におけるその売買目的有価証券の帳簿価額は、評価益に相当する金額を減算し、又は評価損に相当する金額を加算した金額とし、洗替計算を行うこととなります（法61の3②、令119の15①④）。

○　有価証券の空売り、信用取引、発行日取引又は売買目的有価証券の取得を目的とする有価証券の引受けを行った場合で、事業年度終了の時に、未決済のものは、期末に決済したものとみなして、利益の額又は損失の額に相当する金額を、益金の額又は損金の額に算入します（法61の4①）。

暗号資産

暗号資産に係る取扱いについて

暗号資産については、その譲渡損益や評価損益の取扱いが規定されています（法61）。

1 暗号資産とは

法人税法でいう「暗号資産」とは、資金決済に関する法律第2条第5項に規定する暗号資産をいいます（法61①）。

2 暗号資産の譲渡損益

法人が暗号資産の譲渡（合併等による資産の譲渡は除きます。）をした場合には、その譲渡に係る譲渡対価の額から譲渡原価の額を減算した金額を、原則として、その譲渡に係る契約をした日の属する事業年度の益金の額又は損金の額に算入することになります（法61①）。

この場合の譲渡原価の額は、移動平均法又は総平均法（注）により算出した一単位当たりの帳簿価額にその譲渡した暗号資産の数量を乗じて計算します（法61①二、令118の6①）。

(注) 算出方法を選定する場合には、暗号資産を特定自己発行暗号資産とそれ以外の暗号資産に区分した後のそれぞれの種類ごとに選定し、その暗号資産の取得をした日の属する事業年度の確定申告書（仮決算による中間申告書を提出する場合には、中間申告書）の提出期限までに、書面により納税地の所轄税務署長に届け出る必要があります（令118の6④⑤）。

なお、「特定自己発行暗号資産」とは、次のイ及びロの両方に該当する暗号資産をいいます。

イ 自己が発行し、かつ、その発行の時から継続して自己が保有する暗号資産

ロ　その暗号資産の発行の時から継続して譲渡についての制限その他の条件が付されているもの

また、算出方法を選定しなかった場合の法定算出方法は、移動平均法となっています（法61①二、令118の6⑧）。

3　暗号資産の時価評価損益

法人が事業年度終了の時に有する暗号資産のうち活発な市場が存在する暗号資産（市場暗号資産）（注1）については、時価法により評価した金額をその時における評価額とし、自己の計算において有する場合には、その評価益又は評価損をその事業年度の益金の額又は損金の額に算入します（法61②③、令118の7、118の8）。

なお、特定自己発行暗号資産については、時価評価損益を益金の額又は損金の額に算入しません（注2）。

また、上記の評価益又は評価損に相当する金額は、翌事業年度において損金の額又は益金の額に算入（洗替処理）することになります（令118の9①）。

(注)1　活発な市場が存在する暗号資産とは、次の要件の全てに該当するものをいいます（法61②、令118の7）。

イ　継続的に売買価格等の公表がされ、かつ、その公表がされる売買価格等がその暗号資産の売買の価格又は交換の比率の決定に重要な影響を与えているものであること。

ロ　継続的に上記イの売買価格等の公表がされるために十分な数量及び頻度で取引が行われていること。

ハ　上記イの売買価格等の公表がその法人以外の者によりされていること、若しくは、上記ロの取引が主としてその法人により自己の計算において行われた取引ではないこと。

2　特定自己発行暗号資産については、令和5年4月1日以後に開始する事業年度について時価評価損益が益金の額又は損金の額に算入されないこととなりますが、同日を含む事業年度終了の時において保有するものについては、所要の経過措置が設けられています（令5改正法附則12①～③）。

4 暗号資産信用取引に係るみなし決済損益

　法人が暗号資産信用取引（注）を行った場合において、その暗号資産信用取引のうち事業年度終了の時において決済されていないものがあるときは、その時において決済したものとみなして算出した利益の額又は損失の額に相当する金額（みなし決済損益額）をその事業年度の益金の額又は損金の額に算入することになります（法61⑧、規26の11）。

　なお、上記のみなし決済損益額に相当する金額は、翌事業年度において損金の額又は益金の額に算入（洗替処理）することになります（令118の12①）。

（注）　暗号資産信用取引とは、令和5年4月1日以後に開始する事業年度にあっては、他の者から信用の供与を受けて行う暗号資産の売買をいい（法61⑧）、同日前に開始する事業年度にあっては、資金決済に関する法律第2条第7項に規定する暗号資産交換業を行う者から信用の供与を受けて行う暗号資産の売買をいいます（旧法61⑦）。

　　　なお、この改正に伴い所要の経過措置が設けられています（令5改正法附則12④）。

減 価 償 却

減価償却資産とは
どのようなものか

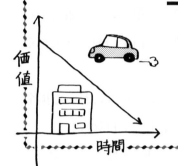

減価償却資産とは、建物、機械、車両のように使用又は時の経過に伴い、その価値が減少していく資産をいいます(法2二十三、令13)。

有形減価償却資産	建物及び建物附属設備（暖冷房設備、照明設備、昇降機など）
	構築物（ドック、橋、桟橋、煙突その他土地に定着する土木設備など）
	機械及び装置
	船舶
	航空機
	車両及び運搬具
	工具、器具及び備品（観賞用、興行用その他これらに準ずる用に供する生物を含みます。）

無形減価償却資産	鉱業権（租鉱権及び採石権その他土石を採掘し又は採取する権利を含みます。）
	漁業権（入漁権を含みます。）
	ダム使用権、水利権
	特許権、実用新案権、意匠権、商標権、育成者権
	樹木採取権（令和2年4月1日以後に取得したものに限ります。）
	営業権
	専用側線利用権、鉄道軌道連絡通行施設利用権、電気ガス供給施設利用権、水道施設利用権、工業用水道施設利用権、電気通信施設利用権、公共施設等運営権
	ソフトウエア

| 生 物 | 家畜、果樹など（観賞用、興行用その他これらに準ずる用に供する生物は、有形減価償却資産（器具及び備品）に含まれます。） |

ポイント

○　減価償却資産として掲げられている資産であっても、次のものは非減価償却資産となります（令13括弧書）。

　1　時の経過によって価値の減少しないもの（基通7―1―1～2）

　　例(1)　歴史的価値又は希少価値を有し、代替性のない美術品等

　　　(2)　(1)以外の美術品等で、取得価額が1点100万円以上であるもの

　　　(3)　白金製溶解炉

　　　(4)　白金製るつぼ

　　　(5)　銀製なべ等

　2　事業の用に供していないもの

　　例(1)　稼働休止中のもの

　　　(2)　建設中のもの等

　　　ただし、稼働休止中のものでも、必要な維持補修が行われ、いつでも稼働し得る状態にあるもの及び建設中のものでも完成した部分を事業の用に供している場合は、その部分について減価償却をすることができます（基通7―1―3～4）。

○　販売用の生物、育成中の生物は減価償却資産にはなりません。

減 価 償 却

ソフトウエアの取扱いは

ソフトウエアは減価償却資産（無形固定資産）となります（令13八リ）。

1 取扱い及び耐用年数は（令13、耐令別表第三、第六）

ソフトウエアについては、他の者から購入等したものか、自社で製作したものかを問わず、減価償却資産（無形固定資産）として取り扱われます。

なお、ソフトウエアの耐用年数は下記のとおりです。

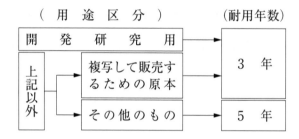

（ 用 途 区 分 ）	（耐用年数）
開 発 研 究 用	3 年
上記以外　複写して販売するための原本	3 年
上記以外　その他のもの	5 年

2 取得価額は（令54①）

(1) 他の者から購入した場合→購入の代価及び当該ソフトウエアを事業の用に供するために直接要した費用の合計額。

(2) 自社製作の場合→製作のために要した原材料費、労務費及び経費の額並びに当該ソフトウエアを事業の用に供するために直接要した費用の合計額（基通7―3―15の2）。

3 プログラムの修正は（基通7―8―6の2）

(1) 資本的支出→新たな機能の追加、機能の向上等

(2) 修　繕　費→プログラムの機能上の障害の除去、現状の効用の維持等

減価償却には どんな方法があるか

法人税法では、減価償却資産の取得年月日及び種類の区分に応じて、償却方法を定めており、原則としてそれぞれに定めている償却方法の中から、償却方法を選定することになります（令48、48の2）。

資産の種類によって選定できる減価償却の方法（　　　は法定償却方法）

資産の種類	平成10年3月31日以前の取得資産	平成10年4月1日から平成19年3月31日の取得資産	平成19年4月1日から平成28年3月31日の取得資産	平成28年4月1日以後の取得資産
① 建物	旧定額法 旧定率法	旧定額法	定額法	定額法
② 建物附属設備及び構築物	旧定額法 旧定率法	旧定額法 旧定率法	定額法 定率法	定額法
③ 機械及び装置・船舶・航空機・車両及び運搬具・工具、器具及び備品	旧定額法 旧定率法	旧定額法 旧定率法	定額法 定率法	定額法 定率法
④ 鉱業用減価償却資産	旧定額法 旧定率法 旧生産高比例法	旧定額法 旧定率法 旧生産高比例法	定額法 定率法 生産高比例法	定額法 定率法 生産高比例法
⑤ 上記④のうち建物、建物附属設備及び構築物	旧定額法 旧定率法 旧生産高比例法	旧定額法 旧定率法 旧生産高比例法	定額法 定率法 生産高比例法	定額法 生産高比例法
⑥ 無形固定資産及び生物	旧定額法	旧定額法	定額法	定額法
⑦ 鉱業権（租鉱権、採石権を含みます。）	旧定額法 旧生産高比例法	旧定額法 旧生産高比例法	定額法 生産高比例法	定額法 生産高比例法

資産の種類	平成20年3月31日以前契約分	平成20年4月1日以後契約分
⑧ 国外リース資産	旧国外リース期間定額法	―
⑨ リース資産	―	リース期間定額法※

※　所有権移転外リース取引に係るものに限ります。

中古建物の減価償却の方法

> **問** 当社は、令和3年6月にA社が平成9年5月から事業の用に供していた建物を購入し、事業の用に供しました。
> A社はこの建物の減価償却を旧定率法で行っていましたが、当社も減価償却を旧定率法で行うことはできますか。

答 定額法で減価償却を行うことになります。

解説 平成19年4月1日以後に取得した建物の減価償却の方法については、定額法以外の方法を選択することはできません。中古資産であっても購入した日が取得した日となりますので、もとの所有者の償却方法にかかわらず、定額法で減価償却をすることになります（令48の2①一）。

増築した建物の減価償却の方法

> **問** 当社は、平成9年9月に取得し、事業の用に供した建物について、令和3年12月に7,000万円の増築を行い、事業の用に供しました。
> 平成10年3月までに取得した建物の減価償却の方法について、当社は旧定率法を選択しており、その建物についても旧定率法で減価償却を行っていましたが、増築部分についても定率法を適用することはできますか。

答 増築部分については、原則として、平成19年4月1日以後に取得した建物として定額法で減価償却することになります。

解説 建物の増築は資本的支出ではなく資産の取得そのものに当たるので（基通7—8—1注書）旧定率法を適用している建物とは別個の建物の取得として、定額法によって減価償却を行うことになります。

(注) 平成19年4月1日以後に資本的支出を行った場合には、原則として、資本的支出の金額を取得価額とし、その有する減価償却資産と種類及び耐用年数を同じくする減価償却資産を新たに取得したものとされます（令55①）。

なお、平成19年3月31日以前に取得した減価償却資産について資本的支出をした場合には、資本的支出に係る金額をその減価償却資産の取得価額に加算することができるという特例計算が認められています（令55②）。

この場合、原則的方法によるその資本的支出に係る償却の方法は、「定額法」により償却し（基通7—2—1の2）、特例計算を適用したときには、その資本的支出の金額を建物の取得価額に加算して「旧定率法」により償却することとなります。

減 価 償 却

償却資産の取得価額は どう計算するか

減価償却資産の取得価額には購入代価の
ほか、付随費用も含まれます（令54）。

1 購入した資産は

取得価額	=	購入の代価		+	事業の用に供するために直接要した費用の額
		購入先に支払った代価	引取運賃、荷役費、運送保険料、購入手数料、関税（附帯税を除く）、その他購入のために要した費用		

2 自社が建設、製造した資産は

取得価額	=	建設、製造等の原価			+	事業の用に供するために直接要した費用の額
		原材料費	労務費	経費		

3 自ら生育又は成熟させた牛馬等・果実等は

取得価額	=	成育・成熟させるために取得した牛馬等・果実等の購入代価等又は種付費・出産費・種苗費	+	成育・成熟のために要した飼料費・肥料費、労務費、経費	+	事業の用に供するために直接要した費用の額

4　適格組織再編成により移転を受けた資産は（令54①五）

(1)　適格合併・適格現物分配（残余財産の全部の分配に限ります。）の場合

| 取得価額 | = | 被合併法人又は現物分配法人における取得価額 | + | 事業の用に供するために直接要した費用の額 |

(2)　適格分割・適格現物出資・適格現物分配（残余財産の全部の分配を除きます。）の場合

| 取得価額 | = | 分割法人、現物出資法人又は現物分配法人における取得価額 | + | 事業の用に供するために直接要した費用の額 |

5　1～4以外の交換、贈与、債務の弁済で取得をした資産は

| 取得価額 | = | 取得のために通常要する価額（時価） | + | 事業の用に供するために直接要した費用の額 |

ポイント

○　取得価額に含めなくてもよいもの（基通7―3―1の2、7―3―3の2）

(1)　減価償却資産の取得のために借り入れた借入金の利子

(2)　不動産取得税、自動車取得税、特別土地保有税のうち土地の取得に対して課されるもの、新増設に係る事業所税

(3)　登録免許税、その他登記又は登録のために要する費用

(4)　建物の建設等のために行った調査、測量、設計、基礎工事等で、その建設計画を変更したことにより不要となったものに係る費用の額

(5)　一旦締結した固定資産の取得に関する契約を解除して他の固定資産を取得することとした場合に支出する違約金の額

機械の試運転に要した費用

> 問　当社は、この度、最新鋭の大型工作機械を購入しました。その後、操作指導や試運転のためにメーカーから技術者の派遣を受け、その滞在費等を支出しましたが、この費用については、一時の損金としてよろしいでしょうか。

答　**機械の取得価額に算入することになります。**

解説　ご質問の技術者の滞在費等については、本格的生産開始後の費用ではなく、その機械を事業の用に供するために直接要した費用ですので、機械の取得価額に算入する必要があります（令54①一）。

地鎮祭等に要した費用

> 問　当社は、新工場の建設に伴い次の費用を支出しましたが、この費用は工場の取得価額に算入すべきでしょうか。
> ①　地鎮祭及び上棟式に要した費用
> ②　落成式に要した費用

答　**①の費用は、取得価額に算入することになります。**
　　②の費用は、取得価額に算入しないことができます。

解説　減価償却資産の取得価額には、その資産を事業の用に供するために直接要した費用の額が含まれることになります。したがって、工場の建設に伴って支出する費用のうち、工場が完成するまでに要したものは、全て取得価額に算入しなければなりません。ただし、減価償却資産の取得後に生ずる付随費用は取得価額に算入しないことができます（基通7－3－7）。

　なお、当該費用については、福利厚生費、交際費等についての税務上の取扱いの判定を要します。

少額の減価償却資産も資産に計上すべきか

少額の減価償却資産等は、事業の用に供した事業年度に取得価額の全額を損金とすることができます（令133）。

1　少額又は使用可能期間が1年未満の減価償却資産の取扱い

法人が取得した減価償却資産で、次のいずれかに該当する場合には、当該資産を事業の用に供した日の属する事業年度において、当該資産の取得価額に相当する金額を損金経理することにより損金の額に算入することができます（令133）。

(1)　使用可能期間が1年未満であるもの

(2)　取得価額が10万円未満であるもの

2　一括償却資産の損金算入

取得価額が20万円未満の減価償却資産を事業の用に供した場合は、その資産の全部又は特定の一部を一括したもの（以下「一括償却資産」といいます。）の取得価額の合計額を原則として、3年間で損金算入する方法を選定することができます（令133の2）。

例：事業年度が1年の場合

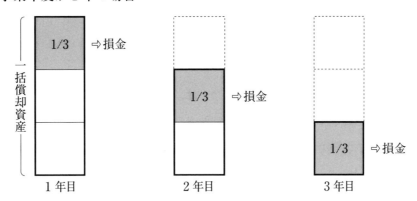

（注）1　一括償却資産の損金算入の規定は、一括償却資産を事業の用に供した事業年度の確定申告書に『一括償却対象額』の記載があり、かつ、その計算に関する書類を保存している場合に限り適用されます（令133の2⑪）。

　　　2　一括償却対象額について損金算入をした金額がある場合には、当該事業年度の確定申告書に『損金の額に算入される金額の計算に関する明細書』を添付しなければなりません（令133の2⑫）。

〔少額減価償却資産と一括償却資産の概要〕

　上記1、2の関係は次のとおりとなります。

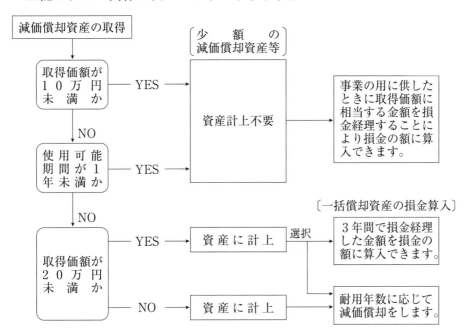

（注）1　取得価額が10万円未満かどうかは、通常一単位として取引される単位ごとに判定

します（基通7—1—11）。

　　また、消費税等について、税込経理を行っている場合には、消費税の額を含めた金額で、税抜経理を行っている場合には、消費税の額を含めない金額で、それぞれ判定します。

2　使用可能期間が1年未満のものとは、その業界において一般的に消耗性のものとして認識されているもので、その法人のおおむね過去3年間の平均的な使用状況、補充状況等からみてその使用可能期間が1年未満であるものをいいます（基通7—1—12）。

3　少額の減価償却資産等であっても、事業の用に供さずに貯蔵しているものは、損金の額に算入することはできません。この場合、貯蔵品として資産に計上する必要があります。

4　令和4年4月1日以降に取得等をした減価償却資産については、貸付け（主要な事業として行われるものを除きます。）の用に供したものは除かれます（令133、133の2①⑬、令4改正令附則9）。

ポイント

○　少額又は使用可能期間が1年未満の減価償却資産及び一括償却対象資産であっても、事業の用に供した事業年度でこれらの方法を選定しなかった場合は、法定耐用年数で償却することになります。

○　国外リース資産及びリース資産については、資産計上してリース期間定額法により、減価償却を行うことになります。

カーテンの取付け費用

> 問　当社は、この度、事務所建物を新築し、事務室の窓にカーテンを取り付けました。カーテンの価額は1枚が10万円未満（1室の合計額は20万円）でしたので、一括して損金の額に算入しましたが問題はありませんか。

答　1枚の価額が10万円未満であっても、1室の合計額が10万円以上であれば、一時の損金とすることはできません（注）。

解説　取得価額は、通常一単位として取引される単位、例えば、1個、1組又は1そろいごとに判定しますが、単体では、その機能が発揮されないものは、1つの工事等を単位として判定します（基通7—1—11）。

カーテンは部屋に取り付けられた何枚かが合計されてその機能を発揮するものと認められますので、１枚ではなく１室ごとに10万円未満であるかどうかの判定をします。

(注)　中小企業者等の少額減価償却資産の取得価額の損金算入の特例（措法67の５）の適用があり、確定申告書等に少額減価償却資産の取得価額に関する明細書の添付がある場合には、損金算入されます。ただし、この適用を受ける資産の取得価額（30万円未満）の合計額は300万円が限度となります。

一括償却資産の損金算入限度額

> 問　当社は、当期中に１台18万円の冷蔵庫を４台購入し、事業の用に供しました。この資産について一括償却資産の損金算入制度を適用する場合、損金算入限度額はどのように計算することになりますか。

答　損金算入限度額は、下記の算式のとおり、240,000円となります。

$$180,000円 \times 4台 \times \frac{12}{36} = 240,000円$$

解説　各事業年度において、事業の用に供した20万円未満の減価償却資産のうち、一括償却資産として選定したものは、その事業年度以後３年間で均等に損金算入することができます（令133の２①）。その損金算入限度額は、次の算式となり、選定した資産について損金経理した金額のうち、限度額の範囲内で損金の額に算入されることになります。

$$一括償却資産として選定した減価償却資産の取得価額の合計額 \times \frac{その事業年度の月数}{36}$$

　なお、新設法人等で事業年度の月数が11か月以下となる場合、一括償却資産に係る損金算入限度額は、月数按分計算することになります。

　また、この選定は事業の用に供した事業年度においてのみ可能ですので、その事業年度において一括償却資産として選定しなかった減価償却資産は、通常の減価償却を行うことになります。

一括償却資産を除却した場合

> **問** 当社は、前期中に一括償却資産とした冷蔵庫4台のうち1台を廃棄しました。この場合、除却損を計上することはできますか。

答 除却損を計上することはできません。その事業年度における一括償却資産の損金算入限度額の範囲内で損金算入することになります。

解説 事業の用に供した事業年度において一括償却資産として選定した減価償却資産については、この制度が個々の減価償却資産を個別に管理する事務負担を考慮した制度であること、一括償却資産の取得価額の合計額を「事業供用年度以後の3年にわたって費用又は損失の額とする方法を選定した」ことに基づく制度であることから、その資産について滅失、除却等があった場合でも、税務上はその個別の資産の未償却残高に相当する金額を除却損等として損金算入することはできず、前問の算式により計算される損金算入限度額の範囲内での損金算入が認められます（基通7─1─13）。

なお、この取扱いは、一括償却資産の全部又は一部を譲渡した場合についても同様です。

減価償却

中小企業者等が取得した少額減価償却資産の損金算入の特例とは

中小企業者等が取得等した少額減価償却資産は、事業の用に供した事業年度にその取得金額の全額を損金とすることができます（措法67の5）。

　中小企業者等（74ページ参照）に該当する青色申告法人が、平成18年4月1日から令和6年3月31日までに取得等をし、事業の用に供した減価償却資産については、取得価額が30万円未満のものを一時の損金の額に算入することができます（措法67の5）。

　なお、その事業年度における少額減価償却資産の取得価額の合計額が300万円を超えるときは、その取得価額の合計額のうち300万円に達するまでの金額が限度となります。

(注)　令和4年4月1日以降に取得等をした減価償却資産については、貸付け（主要な事業として行われるものを除きます。）の用に供したものは除かれます（措法67の5①括弧書、令4改正法附則48、措令39の28②③）。

〔適用要件等〕

　中小企業者等が取得した少額減価償却資産の取得価額の損金算入の特例を受けるためには、次の全ての要件を満たす必要があります。

(1)　中小企業者等に該当する青色申告法人であること

(2)　常時使用する従業員の数が500人以下（注）の法人であること

(3)　平成18年4月1日～令和6年3月31日の間に減価償却資産を取得し、又は製作し、若しくは建設し、かつ事業の用に供していること

(4)　取得価額が30万円未満であること

(5)　事業の用に供した事業年度で損金経理していること

(6) 確定申告書等に少額減価償却資産の取得価額に関する明細書を添付すること

ただし、減価償却資産のうち他の一定の特別償却等の適用を受けるものは除かれます（措法67の5①括弧書、措令39の28②）。

(注) 令和2年4月1日前に取得等する少額減価償却資産については、1,000人以下となります。

中小企業者等の範囲

中小企業者等とは、措法42の4⑲七に規定する中小企業者に該当する法人又は農業協同組合等をいい、その判定は次のとおりです。

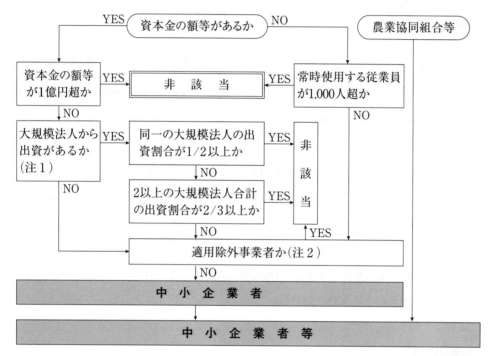

(注)1 大規模法人とは、原則として、以下の①から④のいずれかに該当する法人をいいます。

① 資本金の額又は出資金の額が1億円超の法人
② 資本又は出資を有しない法人のうち常時使用する従業員の数が1,000人を超える法人
③ 大法人の100％子法人
④ 100％グループ内の複数の大法人に発行済株式又は出資の全部を保有されている法人

2 適用除外事業者とは、原則として、次の算式の要件に該当する法人をいいます

(措法42の4⑲八、措令27の4⑱〜㉒)。

$$\frac{その事業年度開始の日前3年以内に終了した各事業年度の所得金額の合計額}{上記の各事業年度の月数} \times 12 \; > \; 15億円$$

※　設立後3年を経過していないなど、一定の事由がある場合には、この算式の金額に一定の調整を加えた金額で判定します。

少額の減価償却資産等の損金算入に係る関係表

　前項目からの少額の減価償却資産の損金算入制度の取扱いを表にまとめると次のとおりとなります。

取得価額	10万円未満	10万円以上20万円未満	20万円以上30万円未満	30万円以上
対象要件	①少額減価償却資産 (注)　使用可能期間1年未満のものも含まれる。 ②一括償却資産 (①の適用を受けるものは除く。) ③中小企業者等の特例(①、②の適用を受けるものは除く。) (注)　平成18年4月1日〜令和6年3月31日までの間に取得等し事業の用に供した少額減価償却資産については、この適用を受ける資産の取得価額の合計額のうち300万円に達するまでの金額が限度となる。	（①は該当なし）②一括償却資産 ③中小企業者等の特例	③中小企業者等の特例	通常の減価償却資産

耐用年数は どう判定するか

耐用年数はその種類、構造、用途等によって判定します（耐令1）。

1 基本的な考え方

　　耐用年数は、耐省令の各別表において、減価償却資産の種類、用途等ごとに定められています。

2 一般の減価償却資産の耐用年数は

種　　類		区　　分	判 定 の 方 法
有形減価償却資産	機械及び装置以外のもの	→ 別表第一	○　建物はその主要性、耐力壁、はり等の主要部分の構造によって判定し、内部造作については、その建物の耐用年数を適用します(耐通1—2—1、1—2—3)。 ○　構築物は用途によって判定し、用途が特掲されていないものは構造によって判定します(耐通1—3—1)。
	機械及び装置	→ 別表第二	○　機械及び装置が、どの種類の設備に属するかは、その機械及び装置で生産される最終製品によって判定します(耐通1—4—3)。
無形減価償却資産		→ 別表第三	
生　　物		→ 別表第四	

3 特殊な用途に使用する減価償却資産の耐用年数は

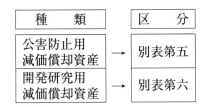

種　　類	区　　分
公害防止用減価償却資産 →	別表第五
開発研究用減価償却資産 →	別表第六

ポイント

○　中古資産を取得した場合には、その耐用年数を合理的に見積もります（耐令3）。

○　他に貸し付けた資産は、原則として貸付先の用途等によって判定します（耐通1—1—5）。

○　賃借した建物について行った造作は、その建物の耐用年数等を基として合理的に見積もった耐用年数により償却します（耐通1—1—3）。

○　一つの資産が2以上の用途に供されている場合の用途の判定はその使用目的、使用状況等により勘案して合理的に判定します（耐通1—1—1）。

耐用年数の見積り(1)

> 問　中古資産の耐用年数の見積りはどのように行えばよいですか。

答　中古資産の耐用年数の見積りは、本来、技術的資料に基づいて実際の使用可能期間を算定するものですが、見積りのための資料の入手ができない場合や、その見積りのために多額な費用がかかる等、残存耐用年数の見積りが困難な場合には、次の算式によって残存耐用年数を見積もることができます（耐令3①二、耐通1—5—4）。

　なお、中古の総合償却資産を取得した場合には、原則として適用されません（耐通1—5—8）。

解説

1　法定耐用年数の全部を経過したもの

$$法定耐用年数 \times \frac{20}{100} = 見積耐用年数$$

2　法定耐用年数の一部を経過したもの

$$(法定耐用年数 - 経過年数) + 経過年数 \times \frac{20}{100} = 見積耐用年数$$

（注）　計算結果に1年未満の端数が生じるときは、その端数を切り捨て（耐令3⑤）、2年未満の場合は2年とします（耐令3①二）。

また、経過年数が不明な場合は、その構造、形式、製作時期の表示等に基づいて適正に見積もります（耐通1—5—5）。

なお、当該算式による耐用年数が適用できる資産は、耐省令別表第一、第二、第五又は第六に掲げる資産に限られます。

耐用年数の見積り⑵

問　当社は、この度、中古のトラックを購入しましたが、全面的な補修をしたため新品同然になりました。購入価格は20万円ですが補修費が80万円ほどかかりました。このトラックの再取得価格は150万円くらいですが、このような場合でも見積耐用年数によることができますか。

答　**見積耐用年数によることはできず、法定耐用年数によることになります。**

解説　購入した中古資産を事業の用に供するに当たり、その再取得価額（新品としての価額）の50％を超える資本的支出をした場合には、事実上、その資産は、新品同然となるものと認められます。したがって、このような場合には耐用年数の見積りは認められず、法定耐用年数によることになります（耐通1—5—2）。

減 価 償 却

耐用年数の短縮はどうするか

個々の減価償却資産が一定の事由に該当するときは、国税局長の承認を受けて耐用年数を短縮することができます（令57）。

1　耐用年数の短縮の事由　（令57①、規16、基通 7 ― 3 ―18）

右の事由により実際の使用可能期間が法定耐用年数に比べて10％以上短くなること

- ← 材質又は製作方法が他の資産と著しく異なること
- ← その資産のある地盤が隆起又は沈下したこと
- ← 陳腐化したこと
- ← 使用する場所の状況によって著しく腐食したこと
- ← 通常の修理又は手入れをしなかったことにより著しく損耗したこと
- ← その有する製造設備等の構成が、通常の構成と著しく異なること
- ← 機械及び装置で、その機械及び装置の属する設備が平成20年度税制改正前の耐省令別表第二に特掲された設備以外のものであること
- ← その他上記に準ずる事由があること

2 短縮の申請と承認

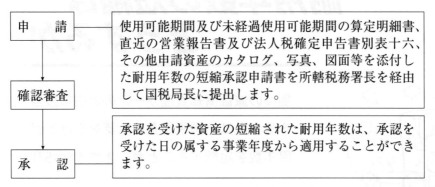

| 申　請 | 使用可能期間及び未経過使用可能期間の算定明細書、直近の営業報告書及び法人税確定申告書別表十六、その他申請資産のカタログ、写真、図面等を添付した耐用年数の短縮承認申請書を所轄税務署長を経由して国税局長に提出します。 |

確認審査

| 承　認 | 承認を受けた資産の短縮された耐用年数は、承認を受けた日の属する事業年度から適用することができます。 |

(注) 1　耐用年数の短縮は、原則として減価償却資産の種類ごとに、かつ、耐用年数の異なるごとに承認を受けることになります（基通7―3―19）。

2　短縮の承認を受けた減価償却資産について軽微な変更があった場合、同一の他の減価償却資産を取得した場合等には改めて承認申請をすることなく、変更点等の届出により短縮の適用を受けることができます（令57⑦⑧、規18）。

短縮承認申請の注意点

> 問　当社の製造設備が、耐用年数の短縮事由に該当すると思われますので、耐用年数の短縮の承認申請を行いたいと考えております。この場合、どのような点に注意して申請を行えばよいのでしょうか。

答　耐用年数の短縮申請を行うには、対象となる減価償却資産について、申請の根拠となる事由とそれらの事実を客観的に証明することが必要です（規17）。

　また、耐用年数の短縮を適用できるのは、承認を受けた日を含む事業年度以後の各事業年度になりますので、申請した事業年度内に承認を得るためには、審査に相当の期間がかかることを考慮して、事業年度終了の3か月以上前迄には申請をされる方がよいでしょう。

定期借地権と耐用年数の短縮

> 問　当社は、定期借地契約を結び、借地上に建物を建設しました。借地契約期間が建物の法定耐用年数より短いので、耐用年数の短縮申請を提出し、建物の耐用年数を借地期間として償却したいと考えていますが認められますか。
>
> なお、建物は、契約により借地期間終了時に取壊し撤去することになっています。

答　耐用年数の短縮は認められません。したがって、法定耐用年数で建物を減価償却することになります。

解説　建物の耐用年数が借地期間より長い場合、借地期間を耐用年数として減価償却するほうが合理的ではないかという考え方があります。しかしながら、耐用年数の短縮が認められるのは、79ページに記載した①資産の材質・製作方法が、同種の資産の通常の材質・製作方法と著しく異なる場合、②資産の存する地盤の隆起又は沈下、③資産の陳腐化、④資産の著しい腐食、⑤不十分な修理等による著しい損耗の場合等に限られます。したがって、ご質問のように建物自体の構造等に物理的な変化がなく、定期借地契約上の取決めで将来取壊しが予定されているという理由だけでは耐用年数の短縮は認められません。

償却限度額は どう計算するか

償却限度額は、耐用年数に応じて定められた償却率によって計算します（令58）。

1　平成19年3月31日以前に取得をした減価償却資産

(1)　事業年度が1年の場合の償却限度額の計算方法（令48）

旧定額法	（取得価額－残存価額）×耐用年数に応じた旧定額法の償却率
旧定率法	（取得価額－既償却額）×耐用年数に応じた旧定率法の償却率

(2)　事業年度の中途で事業の用に供した場合のその事業年度の償却限度額の計算方法（令59、平29改正令附則8）

$$\text{期首からあるものとした場合の償却限度額} \times \frac{\text{事業の用に供した月数}}{\text{事業年度の月数}}$$

※　1か月未満の端数は切り上げます（以下同じ）。

(3)　事業年度が1年に満たない場合のその事業年度の償却限度額の計算方法（耐令4②）

　イ　旧定額法

　　　次の算式により計算した償却率を、上記(1)の「耐用年数に応じた旧定額法の償却率」に当てはめて計算します。

$$\text{耐用年数に応じた旧定額法の償却率} \times \frac{\text{事業年度の月数}}{12} = \text{事業年度が1年未満の場合に使用する旧定額法の償却率}$$

　ロ　旧定率法

　　　次の算式により計算した償却率を、上記(1)の「耐用年数に応じた旧定率法の償却率」に当てはめて計算します。

$$\boxed{\text{その減価償却資産} \atop \text{の耐用年数} \times \frac{12}{\text{事業年度の月数}} = {\text{事業年度が1年未満の場合に} \atop \text{使用する旧定率法の耐用年数}}}$$

2　平成19年4月1日以後に取得をした減価償却資産

(1)　事業年度が1年の場合の償却限度額の計算方法（令48の2）

定額法	取得価額×耐用年数に応じた定額法の償却率
定率法 （注1）	（取得価額－既償却額）×耐用年数に応じた定率法の償却率…A （上記Aにより計算した償却限度額が償却保証額（注2）に満たない事業年度となった場合は、次の算式により計算します。 改定取得価額（注3）×耐用年数に応じた改定償却率

(2)　事業年度の中途で事業の用に供した場合のその事業年度の償却限度額の計算方法（令59、平29改正令附則8）

$$\boxed{{\text{期首からあるものとした} \atop \text{場合の償却限度額}} \times \frac{\text{事業の用に供した月数}}{\text{事業年度の月数}}}$$
　※　1か月未満の端数は切り上げます（以下同じ）。

(3)　事業年度が1年に満たない場合のその事業年度の償却限度額の計算方法（耐令5②④）

　イ　定額法

　　　次の算式により計算した償却率を、上記(1)の「耐用年数に応じた定額法の償却率」に当てはめて計算します。

$$\boxed{{\text{耐用年数に応じた} \atop \text{定額法の償却率}} \times \frac{\text{事業年度の月数}}{12} = {\text{事業年度が1年未満の場合} \atop \text{に使用する定額法の償却率}}}$$

　ロ　定率法

　　　次の算式により計算した償却率又は改定償却率を、上記(1)の「耐用年数に応じた定率法の償却率」又は「改定償却率」に当てはめて計算します。

$$\boxed{{\text{耐用年数に応じた} \atop {\text{定率法の償却率又} \atop \text{は改定償却率}}} \times \frac{\text{事業年度の月数}}{12} = {\text{事業年度が1年未満の場合} \atop {\text{に使用する定率法の償却率} \atop \text{又は改定償却率}}}}$$

　（注）1　平成24年3月31日以前に取得をされた減価償却資産の定率法の償却率は、定

額法の償却率を2.5倍した償却率となります。また、平成24年4月1日以後に取得をされた減価償却資産の償却率は、定額法の償却率を2倍した償却率となります（令48の2①一イ(2)）。

2 「償却保証額」とは、取得価額に耐用年数に応じた保証率を乗じて計算した金額をいいます（令48の2⑤一）。

3 「改定取得価額」とは、次の区分に応じそれぞれ次に定める金額をいいます（令48の2⑤二）。

(1) 前期の「定率法」の表中のAの金額が償却保証額以上である場合

　　改定取得価額 ＝ 取得価額 － 既償却額

(2) 2期連続して「定率法」の表中のAの金額が償却保証額に満たない場合

連続して「定率法」の表中Aの金額が償却保証額に満たない事業年度のうち最も古い事業年度における(1)の金額

3 償却可能限度額

償却の累積額が、次のとおり定められている償却可能限度額を超える場合には、その超える部分の金額の損金算入はできません（(2)の場合を除きます。）（令61）。

(1) 平成19年3月31日以前に取得をした減価償却資産に係る償却可能限度額

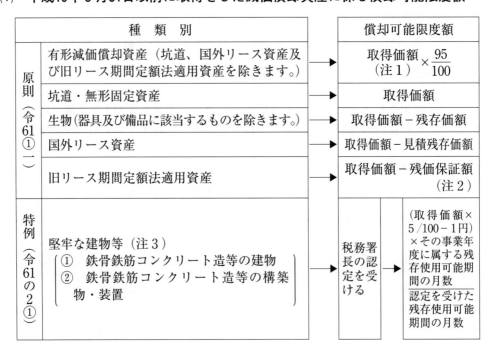

(注)1 耐用年数の短縮（令57⑨）の適用がある場合には、適用がないものとした場合の取得価額となります。

2 残価保証額が零である場合には、1円となります。

3 その事業年度の前事業年度末において、取得価額の95％相当額が償却済であるものが対象とされます。

(2) 平成19年3月31日以前に取得をした資産で償却可能限度額に達した減価償却資産の5年均等償却

前記(1)の表の資産で平成19年3月31日以前に取得をした「有形減価償却資産（坑道、国外リース資産及び旧リース期間定額法適用資産を除きます。）」又は「生物（器具及び備品に該当するものを除きます。）」で前事業年度までにそれぞれ同表中の償却可能限度額に達しているものについては、次の金額がその事業年度の償却限度額とみなされます（令61②）。

イ 有形減価償却資産（坑道、国外リース資産及び旧リース期間定額法適用資産を除きます。）

$$\text{償却限度額とみなされる金額} = \frac{\text{取得価額} - (\text{取得価額} \times 95\% + 1\text{円})}{60} \times \text{その事業年度の月数}$$

ロ 生物（器具及び備品に該当するものを除きます。）

$$\text{償却限度額とみなされる金額} = \frac{\text{取得価額} - \{(\text{取得価額} - \text{残存価額}) + 1\text{円}\}}{60} \times \text{その事業年度の月数}$$

(3) 平成19年4月1日以後に取得をした減価償却資産の償却可能限度額（リース資産については、そのリース資産についての所有権移転外リース取引に係る契約が平成20年4月1日以後に締結されたもの）（令61①二）

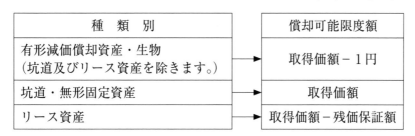

種 類 別	償却可能限度額
有形減価償却資産・生物 （坑道及びリース資産を除きます。）	取得価額－1円
坑道・無形固定資産	取得価額
リース資産	取得価額－残価保証額

減価償却費は損金経理が必要か

減価償却費は、確定した決算で「償却費として損金経理」しなければ損金の額に算入されません（法31）。

1 損金の額に算入する金額は

確定した決算において、償却費として費用又は損失に経理した金額と償却限度額とのうち、どちらか少ない金額を損金の額に算入します。

償 却 限 度 額		
償却費として損金経理をした金額		
損金算入		
償 却 費 と し て 損 金 経 理 を し	た 金 額	
損金算入	損金不算入	

2 償却費として損金経理をしたと取り扱われる金額は（基通7—5—1）

資産の取得価額に算入すべき付随費用の額のうち原価外処理をした金額
圧縮記帳をする際、圧縮限度額を超えて帳簿価額を減額した場合のその超える部分の金額
修繕費として経理した金額のうち、令132（資本的支出）の規定により損金の額に算入されなかった金額
無償又は低い価額で取得した減価償却資産につき、その取得価額として法人の経理した金額が令54①（減価償却資産の取得価額）の規定により損金の額に算入されなかった金額
除却損又は評価損として計上した金額のうち損金の額に算入されなかった金額
少額な減価償却資産（おおむね60万円以下）又は耐用年数が3年以下の減価償却資産の取得価額を消耗品費等として損金経理をした場合のその損金経理をした金額
ソフトウエアの取得価額に算入すべき金額を研究開発費として損金経理をした場合のその損金経理をした金額

ポイント

○　減価償却資産を取得したにもかかわらず仕入勘定で処理するなど、資産に計
上しなかった場合には、償却費として損金経理をしたものとはみなされません。

　　しかしながら、これらの資産を業務の用に供した事業年度の確定申告書又は
修正申告書に添付した減価償却に関する明細書にその計上しなかった金額を記
載して申告調整しているときは、その記載した金額は、償却費として損金経理
した金額に該当するものとして取り扱います（基通7－5－2）。

操業停止中の機械装置

> 問　当社は、自動車部品を製造しています。最近の経済状況の影響を受けて
> 一部の機械装置の操業を停止していますが、常に稼働できるように注油、点
> 検等の保守管理は行っています。
>
> 　このような場合、操業を停止している機械について事業の用に供している
> として減価償却をすることができるでしょうか。

答　**いつでも稼働できる状態にある場合は、事業の用に供しているものとして減
価償却をすることができます。**

解説　法人税法では、減価償却資産であっても、その資産を事業の用に供してい
なければ減価償却資産に該当しないことにしています。

　したがって、生産調整等のため稼働を休止している資産は原則として減価償却
ができないことになります。

　しかし、その休止期間中に必要な維持補修が行われており、いつでも稼働でき
る状態にあるときは、特にこれを減価償却資産として取り扱うこととされていま
す（基通7－1－3）。

事業の用に供した日の判定（無形減価償却資産）

> 問　当社は、A社から特許権を買い取りましたが、これを利用して生産を開始するのは翌々事業年度となる予定です。
>
> このような場合、特許権の減価償却はいつからできるのでしょうか。

答　その取得の日の属する事業年度から減価償却をすることができます。

解説　減価償却資産は、その事業の用に供した時から減価償却をすることができます。しかし、特許権などの無形固定資産の中には、特許法等においてその存続期間が定められているため、たとえ事業の用に供していなくても、時の経過によって減価することが明らかなものがあります。これらについてはその取得の日から減価償却をすることができます（基通7－1－6）。

機械等の有姿除却

> 問　当社はコンピュータの部品の製造業を営んでいます。
>
> 技術革新の激しい業界ですので、機械装置の取替えを常に行っているため、古い機械はそのまま放置してあります。
>
> また、コンピュータの部品製造用の金型は、型式の変更が激しくそのうえ一定量の注文しかないため、その後はほとんど使用しないので、現在使用している金型と区分して保管している状況です。
>
> 決算期末において、スクラップ化や廃棄処分をしないままのこのような機械や金型は除却処理できないでしょうか。

答　（機械等の帳簿価額から処分見込価額を控除した金額を）除却損とすることができるものと思われます。

解説　機械等についてその使用を廃止し、その後通常の方法では事業の用に供される見込みがないことが明らかなときは、解撤、破砕等をしていない状況であっても、その機械等の処分見込価額を控除した金額を除却損（いわゆる有姿除却）として損金の額に算入することができるとされています（基通7－7－2(1)）。

また、特定の製品の生産のために専門に使用する金型で、その製品の生産の中止によりその後使用される可能性がほとんどなくなったと認められるものについても同様に、その金型の処分見込価額を控除した金額を除却損として損金の額に算入することができるとされています（基通7－7－2(2)）。

修理・改良の費用は損金となるか

固定資産の修理・改良等の費用として支出した金額のうち、使用可能期間の延長や価値を増加させる部分（資本的支出）の金額は、一時の損金とはなりません（令132）。

1　資本的支出と修繕費の相違点は（基通７－８－１、７－８－２、７－８－６）

資本的支出	固定資産の使用可能期間の延長又は価値の増加をもたらす等の積極的な支出	→	新たに固定資産を取得したものとする

- 建物に避難階段を取り付けた場合
- 用途変更のための改造又は改装をした場合
- 機械の部品等を特に品質、性能の高いものに取り替えた場合

修　繕　費	固定資産の通常の維持管理及び原状回復のため等の消極的な支出	→	支出事業年度で一時の損金とする

- 建物の移えい又は解体移築をした場合（ただし、解体移築にあっては旧資材の 70％以上をそのまま利用して従前の建物と同一の規模及び構造の建物を再建築するものに限ります。）
- 機械装置を移設した場合（集中生産のための移設は除きます。）
- 地盤沈下した土地を沈下前の状態に回復するため地盛りをした場合（土地の取得直後の地盛り等は除きます。）
- 建物、機械装置等を地盤沈下により床上げ、地上げ又は移設した場合（明らかに改良と認められる部分は除きます。）
- 水はけを良くするために砂利等を敷設した場合
- 被災資産について原状を回復した場合

2 資本的支出額の計算は

資本的支出となる金額の計算は、使用可能期間を延長させる場合と価値を増加させる場合とに応じて、次のように計算します（令132）。

(1) 使用可能期間を延長させる部分に対応する金額

$$
支出金額 \times \frac{支出後の使用可能年数 - 支出しなかった場合の残存使用可能年数}{支出後の使用可能年数} = 資本的支出の金額
$$

(2) 価値を増加させる部分に対応する金額

支出後の時価 − 通常の管理又は修理をしていた場合の時価 ＝ 資本的支出の金額

（注）　その支出の効果が両方に及ぶ場合は、(1)、(2)のいずれか多い金額が資本的支出の額となります。

3 資本的支出額の処理は

(1) 原則

既存の減価償却資産に対して資本的支出を行った場合、その資本的支出は、その支出金額を固有の取得価額として、既存の減価償却資産と種類及び耐用年数を同じくする減価償却資産を新たに取得したものとされます（令55①）。

また、事業年度の中途で資本的支出を行った場合の償却限度額は、原則として次の計算によります（令58、59）。

$$
資本的支出の事業年度の償却限度額に相当する金額 \times \frac{事業の用に供した日から事業年度末日までの期間の月数}{事業年度の月数}
$$

（注）　上記算式における月数は、暦に従って計算し、1月に満たない端数を生じたときは、これを1月とします。

(2) 特例

次の場合には取得価額の特例が認められます。

イ　平成19年3月31日以前に取得した既存の減価償却資産に資本的支出を行った場合（令55②）

ロ　定率法を採用している既存の減価償却資産（平成24年3月31日以前に取

得をされた減価償却資産を除きます。）に資本的支出を行った場合（令55④⑤）

ハ　平成19年４月１日から平成24年３月31日までの間に取得された定率法適用資産（旧減価償却資産）に対して資本的支出を行った場合（令55④、平23.12改正令附則３）

4　資本的支出と修繕費の形式区分基準は

資本的支出か修繕費かの判定は、実務上は非常に難しいことから、一定の形式基準によってそれを区分している場合にはその区分による処理が認められています（基通７－８－１～６）。

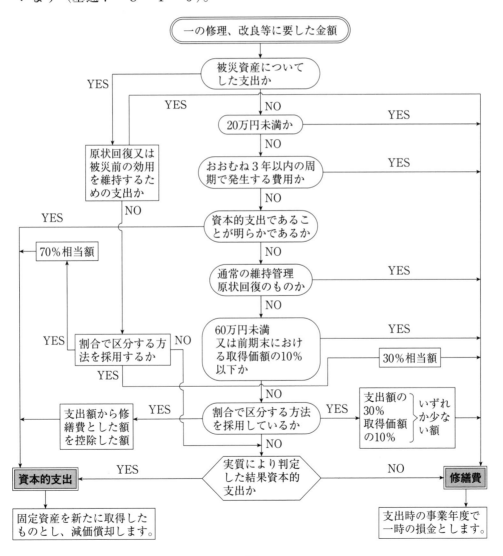

— 91 —

減 価 償 却

特別償却は
どんな場合にできるか

災害対策・経済政策・中小企業対策等の政策的見地から、特定の設備等を取得して事業の用に供した場合には、普通償却額のほか、特別償却額も損金の額に算入することが認められています。

特別償却	①　高度省エネルギー増進設備等を取得した場合の特別償却（旧措法42の5、令3改正法附則44）
	②　中小企業者等が機械等を取得した場合の特別償却（措法42の6）
	③　国家戦略特別区域において機械等を取得した場合の特別償却（措法42の10）
	④　国際戦略総合特別区域において機械等を取得した場合の特別償却（措法42の11）
	⑤　地域経済牽引事業の促進区域内において特定事業用機械等を取得した場合の特別償却（措法42の11の2）
	⑥　地方活力向上地域等において特定建物等を取得した場合の特別償却（措法42の11の3）
	⑦　特定中小企業者等が経営改善設備を取得した場合の特別償却（旧措法42の12の3、令3改正法附則47）
	⑧　中小企業者等が特定経営力向上設備等を取得した場合の特別償却（措法42の12の4）
	⑨　認定特定高度情報通信技術活用設備を取得した場合の特別償却（措法42の12の6）
	⑩　事業適応設備を取得した場合等の特別償却（措法42の12の7）
	⑪　特定船舶の特別償却（措法43）
	⑫　港湾隣接地域における技術基準適合施設の特別償却（旧措法43の2、令5改正法附則42②）
	⑬　被災代替資産等の特別償却（措法43の2）
	⑭　関西文化学術研究都市の文化学術研究地区における文化学術研究施設の特別償却（措法44）
	⑮　特定事業継続力強化設備等の特別償却（措法44の2）
	⑯　共同利用施設の特別償却（措法44の3）
	⑰　環境負荷低減事業活動用資産等の特別償却（措法44の4）
	⑱　特定地域における工業用機械等の特別償却（措法45）
	⑲　医療用機器等の特別償却（措法45の2）

割増償却	① 障害者を雇用する場合の特定機械装置の割増償却（旧措法46、令4改正法附則39）
	② 事業再編計画の認定を受けた場合の事業再編促進機械等の割増償却（措法46の2）
	③ 輸出事業用資産の割増償却（措法46の2）
	④ 特定都市再生建築物の割増償却（措法47）
	⑤ 企業主導型保育施設用資産の割増償却（旧措法47、令2改正法附則86④）
	⑥ サービス付き高齢者向け賃貸住宅の割増償却（旧措法47、平29改正法附則67⑦）
	⑦ 倉庫用建物等の割増償却（措法48）

ポイント

○　特別償却を行った場合は、確定申告書に償却限度額の計算に関する明細書等を添付することが必要です。

　　また、平成23年4月1日以後に終了する事業年度分の申告からは、租特透明化法の規定に基づく適用額明細書の添付も必要となります。

○　特別償却における中小企業者等の判定は74ページのとおりです。

○　特別償却等の複数の規定に該当する場合であってもいずれか一つの規定の適用しか認められません（措法53）。

減価償却

中小企業者等が機械等を取得した場合の特別償却は

青色申告をしている中小企業者等が機械等を取得し、一定の事業の用に供したときは、その事業の用に供した事業年度で特別償却ができます（措法42の6）。

1　適用のある事業（指定事業）は

　製造業、建設業、農業、林業、漁業、水産養殖業、鉱業、卸売業、道路貨物運送業、倉庫業、港湾運送業、ガス業、小売業、料理店業その他の飲食店業（料亭、バー、キャバレー、ナイトクラブその他これらに類する事業については、生活衛生同業組合の組合員が行うもので、令和3年4月1日以後に取得等をするもの）、一般旅客自動車運送業、海洋運輸業及び沿海運輸業、内航船舶貸渡業、旅行業、こん包業、郵便業、通信業、損害保険代理業、不動産業（令和3年4月1日以後に取得等をするもの）及びサービス業（物品賃貸業（令和3年4月1日前に取得等をしたもの）及び映画業以外の娯楽業を除きます。）

2　適用対象設備の範囲は

(1)　機械及び装置で、1台又は1基の取得価額が160万円以上のもの（注1）

(2)　製品の品質管理の向上等に資する工具のうち、測定工具及び検査工具で、1台又は1基の取得価額が120万円以上のもの（注2）

(3)　次のソフトウエア以外で、一のソフトウエアの取得価額が70万円以上のもの（注3）

　イ　複写して販売するための原本

　ロ　開発研究用に供されるもの

— 94 —

ハ　国際標準化機構及び国際電気標準会議の規格15408に基づき評価及び認証されていない次のもの

　　(イ)　サーバー用オペレーティングシステム

　　(ロ)　サーバー用仮想化ソフトウエア

　　(ハ)　データベース管理ソフトウエア等

　　(ニ)　連携ソフトウエア

　　(ホ)　不正アクセス防御ソフトウエア

(4)　貨物の運送の用に供される車両総重量3.5トン以上の普通自動車

(5)　内航海運業に供される船舶

(注)1　令和5年4月1日以後に取得又は製作する機械及び装置について次の①及び②に該当する場合は、対象資産から除かれます（措法42の6①、措令27の6⑤、令3改正法附則45）。

　　　①　その管理のおおむね全部を他の者に委託するもの

　　　②　中小企業者等の主要な事業であるものを除き、洗濯機、乾燥機その他の洗濯に必要な設備（共同洗濯設備として病院、寄宿舎その他の施設内に設置されているものを除きます。）を設け、これを公衆に利用させる事業の用に供するもの

　　2　平成10年6月1日から令和7年3月31日までの期間内で、かつ、同一の事業年度内において取得した同種類の工具（1台又は1基の取得価額が30万円未満の資産を除きます。）の取得価額の合計が120万円以上となる場合も対象となります。

　　3　平成18年4月1日から令和7年3月31日までの期間内で、かつ、同一の事業年度内において取得したソフトウエアの取得価額の合計額が70万円以上となる場合も対象となります。

3　適用の要件は

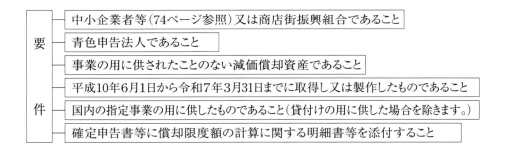

要件
- 中小企業者等（74ページ参照）又は商店街振興組合であること
- 青色申告法人であること
- 事業の用に供されたことのない減価償却資産であること
- 平成10年6月1日から令和7年3月31日までに取得し又は製作したものであること
- 国内の指定事業の用に供したものであること（貸付けの用に供した場合を除きます。）
- 確定申告書等に償却限度額の計算に関する明細書等を添付すること

4 特別償却限度額の計算は

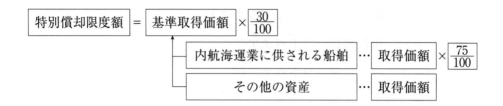

特別償却限度額 ＝ 基準取得価額 × $\frac{30}{100}$

- 内航海運業に供される船舶 … 取得価額 × $\frac{75}{100}$
- その他の資産 … 取得価額

ポイント

○ 租税特別措置法上の圧縮記帳や他の特別償却と重複適用はできません（法人税法上の圧縮記帳の特例とは重複して認められます。）。

○ 所有権移転外リース取引で取得した特定機械装置等には適用されません（措法42の6⑤）。

〈特別償却に代えて税額控除を受けることができます。〉

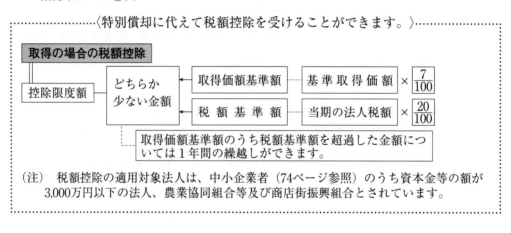

取得の場合の税額控除

控除限度額 ── どちらか少ない金額

- 取得価額基準額 … 基 準 取 得 価 額 × $\frac{7}{100}$
- 税 額 基 準 額 … 当期の法人税額 × $\frac{20}{100}$

取得価額基準額のうち税額基準額を超過した金額については1年間の繰越しができます。

（注） 税額控除の適用対象法人は、中小企業者（74ページ参照）のうち資本金等の額が3,000万円以下の法人、農業協同組合等及び商店街振興組合とされています。

新しい社内
システム♪

減 価 償 却

中小企業者等が特定経営力向上設備等を取得した場合の特別償却は

平成29年4月1日から令和7年3月31日までの間に、特定経営力向上設備等の取得等をして、これを国内の一定の事業の用に供した場合には、取得価額の全額を償却することができます（措法42の12の4①）。

1 適用対象法人は

　本制度の適用対象法人は、中小企業者等（74ページ参照）又は商店街振興組合で青色申告書を提出するもののうち、中小企業等経営強化法第17条第1項の認定を受けた同法第2条第6項の特定事業者等となります（措法42の12の4①）。

2 適用対象資産は

　本制度の適用対象資産である特定経営力向上設備等とは、生産等設備を構成する機械及び装置、工具、器具及び備品、建物附属設備並びにソフトウエアで、中小企業等経営強化法施行規則第16条第2項に規定する経営力向上に著しく資する設備等（生産性向上設備・収益力強化設備・デジタル化設備・経営資源集約化設備）（中小企業等経営強化法第17条第1項に規定する経営力向上計画に記載されたものに限ります。）のうち、次に掲げる規模のものをいいます（措法42の12の4①、措令27の12の4①②、措規20の9）。なお、取得したものは、製作又は建設の後事業の用に供されたものでないものに限ります。

(1) 機械及び装置……………一台又は一基の取得価額が160万円以上

(2) 工具、器具及び備品……一台又は一基の取得価額が30万円以上

(3) 建物附属設備……………一の取得価額が60万円以上

(4)　ソフトウエア……………一の取得価額が70万円以上（94～95ページのソフトウエアの範囲と同じです。）

　令和5年4月1日以後に経営力向上計画の認定に係る申請がされたもので、コインランドリー業又は暗号資産マイニング業（主要な事業であるものを除く。）の用に供する資産で、その管理のおおむね全部を他の者に委託するものを除きます。

　なお、コインランドリー業とは、洗濯機、乾燥機その他の洗濯に必要な設備（共同洗濯設備として、病院、寄宿舎その他の施設内に設置されているものを除きます。）を設け、これを公衆に利用させる事業をいいます。

3　適用のある事業（指定事業）は

　本制度の適用対象事業である指定事業は、中小企業者等が機械等を取得した場合の特別償却の指定事業と同じです（94ページ参照）。

4　適用対象事業年度は

　本制度の適用対象事業年度は、経営改善設備を指定事業の用に供した日を含む事業年度です。ただし、合併以外の事由による解散の日を含む事業年度及び清算中の各事業年度を除きます（措法42の12の4①）。

5　特別償却限度額の計算は

　本制度による特別償却限度額は、次の算式により計算します（措法42の12の4①）。

> 特別償却限度額　＝　特定経営力向上設備等の取得価額　－　普通償却限度額

　この特別償却の適用を受けるためには、確定申告書等にその対象資産が特定経営力向上設備等に該当するものであることを証する書類として、中小企業等経営強化法第19条第1項の認定等に係る認定申請書の写し及びその経営力向上計画に係る認定書の写しを添付する必要があります（措令27の12の4④、措規20の9②）。

繰延資産とは どのようなものか

法人税法では、法人が支出する費用のうち支出の効果が１年以上に及ぶものを繰延資産とし、支出の効果の及ぶ期間で均等償却することとしています（法２二十四、32①、令14）。

1　繰延資産の範囲と償却限度額の計算は

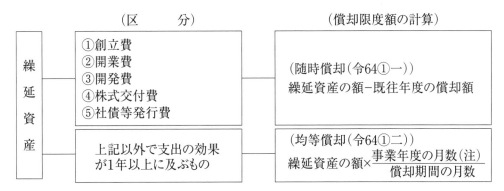

（区　　　分）	（償却限度額の計算）
繰延資産 ①創立費 ②開業費 ③開発費 ④株式交付費 ⑤社債等発行費	（随時償却（令64①一）） 繰延資産の額－既往年度の償却額
上記以外で支出の効果が1年以上に及ぶもの	（均等償却（令64①二）） 繰延資産の額× $\dfrac{事業年度の月数（注）}{償却期間の月数}$

（注）　事業年度の中途で繰延資産となる費用を支出したときには、「支出の日から事業年度末までの月数」となります。

ポイント

○　支出の効果が１年以上に及ぶものであっても、資産の取得に要したとされるべき費用及び前払費用は除かれます（令14①）。

○　償却費は、確定した決算で損金経理した金額のうち償却限度額以下の金額が、損金の額に算入されます（法32）。

○　繰延資産となる費用の支出額が20万円未満のときは、損金経理をすることにより、支出した事業年度で損金の額に算入することができます（令134）。

2 支出の効果が１年以上に及ぶ繰延資産と償却期間は（基通８－２－３）

（種　類）	（細　　　目）	（償　却　期　間（注））
公共的施設の設置又は改良のため支出する費用（基通8-1-3）	負担者に専ら使用されるもの	施設等の耐用年数の7/10に相当する年数
	上記以外のもの	施設等の耐用年数の4/10に相当する年数
共同的施設の設置又は改良のため支出する費用（基通8-1-4）	負担者又は構成員の共同の用に供されるもの又は協会等の本来の用に供されるもの	施設の建設又は改良に充てられる部分については施設の耐用年数の7/10に相当する年数、土地の取得に充てられる部分は45年
	商店街の共同のアーケード、日よけ、アーチ、すずらん灯等負担者の共同の用と一般公衆の用とに供されるもの	5年（その施設の耐用年数が5年未満である場合にはその耐用年数）
建物を賃借するために支出する権利金等（基通8-1-5⑴）	新築した建物を賃借するに際して支払った権利金等の額が、その建物の賃借部分の建設費の大部分に相当し、かつ、その建物の存続する間は賃借できる状況にあるもの	建物の耐用年数の7/10に相当する年数
	上記以外の権利金等で、建物を明け渡すときには、借家権として転売ができるもの	建物の賃借後の見積残存耐用年数の7/10に相当する年数
	上記以外の権利金等	5年（契約による賃借期間が5年未満で契約の更新時に再び権利金等の支払を要することが明らかであるときは、その賃借期間）
電子計算機等を賃借するために支出する費用（基通8-1-5⑵）		その機器の耐用年数の7/10に相当する年数（その年数が賃借期間を超えるときは、その賃借期間）
ノウハウの頭金等（基通8-1-6）		5年（設定契約の有効期間が5年未満で、契約の更新時に再び一時金又は頭金の支払を要することが明らかであるときは、その有効期間の年数）
広告宣伝用資産を贈与するための費用（基通8-1-8）		資産の耐用年数の7/10に相当する年数（その年数が5年を超えるときは5年）

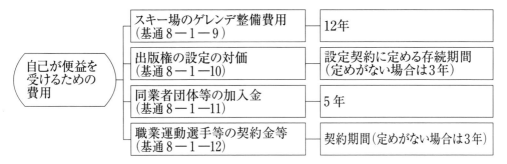

自己が便益を受けるための費用	スキー場のゲレンデ整備費用 （基通8―1―9）	12年
	出版権の設定の対価 （基通8―1―10）	設定契約に定める存続期間 （定めがない場合は3年）
	同業者団体等の加入金 （基通8―1―11）	5年
	職業運動選手等の契約金等 （基通8―1―12）	契約期間（定めがない場合は3年）

（注）　算出した年数に端数があるときは、その端数は切り捨てます。

工場建設に伴う開発負担金

> 問　当社は、この度、新たに工場を建設することになりました。工場の建設予定地のある市は、一定規模以上の宅地開発等を行う場合には開発指導要綱に基づき行政指導を行うほか、開発負担金の納付を求めています。
>
> 　この開発負担金は、周辺住民の生活環境の保持や公害の防止等を目的として、緩衝緑地の設置等に充てられることとされています。
>
> 　この場合の開発負担金は税務上どのように取り扱えばよいのでしょうか。

答　繰延資産に該当し、8年で償却することになります。

解説　土地所有者が土地の開発行為を行おうとする場合には、地元市町村から開発指導要綱等に基づき、種々の開発負担金の納付を要求される場合があります。

　この開発負担金は、すべてが必ずしも一様のものではなく、その内容は様々であることから、その性質に応じ次のように取り扱うこととしています（基通7―3―11の2）。

(1)　団地内の道路、公園又は緑地、雨水調整池等のように直接土地の効用を形成すると認められる施設に係る負担金は、その土地の取得価額に算入します。

(2)　上下水道、汚水処理場、団地近辺の道路（取付道路を除きます。）等のように土地又は建設等の効用を超えて独立した効用を形成すると認められる施設で法人の便益に直接寄与すると認められるものに係る負担金は、それぞれの施設の性質に応じて無形固定減価償却資産の取得価額又は繰延資産とします。

(3)　団地の周辺又は後背地に設置される緩衝緑地、文教福祉施設、環境衛生施設等のように主として団地外の住民の便益に寄与すると認められる公共的施設に係る負担金は繰延資産として、8年で償却します。

　したがって、ご質問の開発負担金は、上記(3)に該当すると認められますので、繰延資産として8年で償却することになります。

役員給与

損金の対象となる役員給与とは

役員に対して支給する給与のうち損金の額に算入されるものは、①定期同額給与、②事前確定届出給与、③業績連動給与、④退職給与です（法34）。

【給与の主な概要】

給　　　与（注1）	
役員に対するもの	特殊関係使用人に対するもの（注2）
次に掲げるものは損金の額に算入されます。 (1) 退職給与以外の給与 　① 定期同額給与 　② 事前確定届出給与 　③ 業績連動給与 (2) 退職給与 ※ 隠蔽又は仮装経理により支給した金額や過大な部分の金額を除きます。	損金の額に算入されます。 ※ 過大な部分の金額を除きます。 （詳細は115ページ参照）

（注）1　債務の免除による利益その他の経済的利益を含みます（法34④、36）。
　　　2　特殊関係使用人とは、役員の親族、役員と事実上婚姻関係と同様の関係にある者、役員から生計支援を受けているもの等をいいます（詳細は115ページ参照）。

1　損金の対象となる役員給与

(1) 定期同額給与（法34①一、令69①②）

　イ　その支給時期が1か月以下の一定の期間ごとである給与（以下「定期給与」といいます。）で、その事業年度の各支給時期における支給額又は支給額から源泉税等の額（注）を控除した金額が同額であるもの

　　（注）「源泉税等の額」とは、源泉徴収をされる所得税の額、特別徴収をされる地方税の額、定期給与の額から控除される社会保険料の額その他これに類するものの

合計額をいいます。

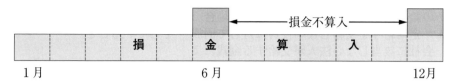

ロ　定期給与の額につき、(イ)~(ハ)の改定がされた場合における①その事業年度開始の日から改定後の最初の支給時期の前日までの間、②改定前の最後の支給時期の翌日から次の改定後の最初の支給時期の前日までの間、③次の改定前の最後の支給時期の翌日から事業年度終了の日までの間の各支給時期における支給額又は支給額から源泉税等の額を控除した金額が同額であるもの

(イ)　会計期間開始の日から３か月を経過する日等まで（継続して毎年所定の時期にされる定期給与の額の改定で、その改定が３か月を経過する日等の後にされることについて特別の事情があると認められる場合はその改定の時期）にされる定期給与の額の改定（通常改定）

(ロ)　職制上の地位の変更、職務内容の重大な変更その他これらに類するやむを得ない事情（臨時改定事由）によりされたこれらの役員に係る定期給与の額の改定（(イ)に掲げる改定を除きます。）

(ハ)　経営の状況が著しく悪化したことその他これに類する理由（業績悪化改定事由）によりされた定期給与の額の減額改定（(イ)及び(ロ)の改定を除きます。）

ハ　継続的に供与される経済的な利益のうち、その供与される利益の額が毎月おおむね一定であるもの

(2)　**事前確定届出給与**（法34①二、令69③④）

その役員の職務につき所定の時期に、確定した額の金銭、確定した数の株式（出資を含みます。）や新株予約権等を交付する旨の定めに基づいて支給される給与で、(1)の定期同額給与及び(3)の業績連動給与のいずれにも該当しないもの（次のいずれかの区分に該当する場合には、該当するそれぞれの要件を満たすものに限られます。）

区　　　　　分	要　　件
その給与が次のいずれにも該当しない場合 ①　定期給与を支給しない役員に対して同族会社に該当しない法人が支給する金銭による給与 ②　株式又は新株予約権による給与で、将来の役務の提供に係る一定のもの	事前確定届出給与に関する届出をしていること
株式を交付する場合	その株式が市場価格のある株式又は市場価格のある株式と交換される株式であること
新株予約権を交付する場合	その新株予約権がその行使により市場価格のある株式が交付される新株予約権であること

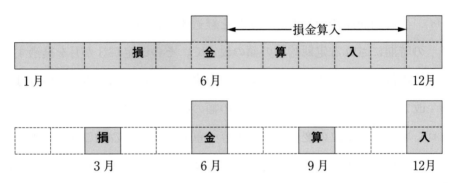

　なお、事前確定届出給与に関する定めをした場合は、原則として、次の①又は②のうちいずれか早い日までに所定の届出書を提出する必要があります。

①　株主総会等の決議によりその定めをした場合におけるその決議をした日（その決議をした日が職務の執行を開始する日後である場合にはその開始する日）から1か月を経過する日

②　その会計期間開始の日から4か月（確定申告書の提出期限の延長の特例に係る税務署長の指定を受けている法人はその指定に係る月数に3を加えた月数）を経過する日

(3)　**業績連動給与**（法34①三、⑤、令69⑨〜㉑）

　利益の状況を示す指標、株式の市場価格の状況を示す指標等、内国法人又は内国法人との間に支配関係がある法人の業績を示す指標（業績指標）を基礎として算定される額又は数の金銭による給与や株式又は新株予約権による給与等

なお、業績連動給与のうち損金の額に算入されるものは、内国法人（同族会社にあっては、同族会社以外の法人との間に当該法人による完全支配関係があるものに限られます。）が業務執行役員（注）に対して支給する給与で一定の要件を満たすもの（他の業務執行役員の全てに対しても同じ要件を満たす業績連動給与を支給する場合に限られます。）となります。

（注）　業務執行役員とは、業績連動給与の算定方法の決定又は手続の終了の日において、法人の業務を執行することとされている役員をいいます。

(4)　**退職給与**（詳細は110ページ参照）

　役員に対して退職という事実により支払われる一切の給与をいいます。

　ただし、退職給与で(3)の業績連動給与に該当するものは、業績連動給与の損金算入の要件を満たさない場合には損金の額に算入されません（法34①）。

2　損金の対象とならない役員給与とは

(1)　上記1の役員給与以外の給与（法34①）

(2)　過大（不相当に高額）な役員給与及び退職給与（法34②）

(3)　使用人兼務役員の賞与（使用人としての職務に係るもの）で、他の使用人に対する賞与と異なる時期に支給する給与（令70三）

(4)　仮装経理等により支給する給与（法34③）

ポイント

○　役員給与として取り扱われる経済的利益がある場合は、その経済的利益の額を含めて過大な給与かどうかを判定します（法34②④）。

○　慶弔金、葬祭料あるいは創業記念品等は、原則として経済的利益としては取り扱われません（基通9—2—10）。

病気のため職務が執行できない場合の役員給与の臨時改定

> **問** 当社の代表取締役が病気のため2か月間入院することとなり、職務執行ができない状態となることから、取締役会を開催して給与の額を減額することとしました。また、退院後に従前と同様に職務の執行が可能となった場合には、再度取締役会の決議を経て、給与を入院前と同額の給与に増額することを予定しています。これらの改定による役員給与は定期同額給与として損金の額に算入できますか。

答 役員が病気で入院したことにより、当初予定されていた職務の執行ができないこととなった場合及び退院後に職務の執行が可能となった場合による役員給与の改定は、臨時改定事由による改定と認められますので、定期同額給与として損金の額に算入されます。

解説 役員の職制上の地位の変更、職務の内容の重大な変更その他やむを得ない事情による役員給与の改定は、臨時改定事由によるものとして定期同額給与に該当します（令69①一ロ）。

　ご質問の場合は、役員が入院したことにより職務執行ができないことによる役員給与の改定ですから、職務の内容の重大な変更その他これに類するやむを得ない事情によるものに該当します。

　また、退院後に従前と同様に職務の執行が可能となったことによる増額改定も、臨時改定事由による改定として取り扱われます。

税法上の役員や使用人兼務役員とは

会社法で定める取締役等のほか、使用人のうち一定の者が役員となり、また、役員のうち使用人としての職務を有する一定の者が使用人兼務役員となります（法2十五、34⑥、令7、71）。

1　役員の範囲は

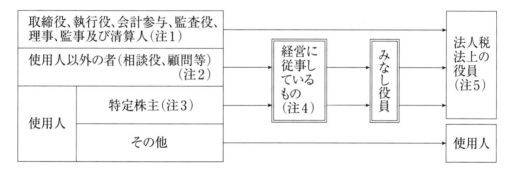

(注)1　役員かどうかはその職務の実質により判定するのではなく、役員として選任された者かどうかによって形式的に判定します。

2　「使用人以外の者で経営に従事しているもの」には、営業所長、支配人等法人の機構上定められている使用人としての職制上の地位だけを有するものは含まれません（基通9－2－1）。

3　「特定株主」については次ページを参照してください。

4　経営に従事しているとは、法人の主要な業務執行の意思決定に参画することをいいます（詳細は109ページ参照）。

5　役員の地位と使用人としての職制上の地位を有し、一定の要件に該当するものは、使用人兼務役員になります（詳細は109ページ参照）。

2 特定株主とは（令7二、71①五）

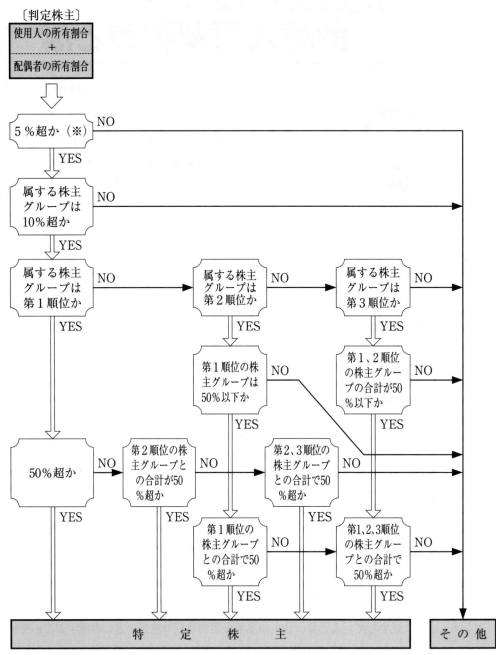

※ 5％超かどうかの判定においては、その使用人と配偶者の所有割合及びこれらの者が所有割合の50％超を所有する他の同族会社の所有割合を含めたところで判定します。

3 経営に従事しているか否かの判定

経営に従事しているとは、次のような法人の意思決定に参画することをいいます。

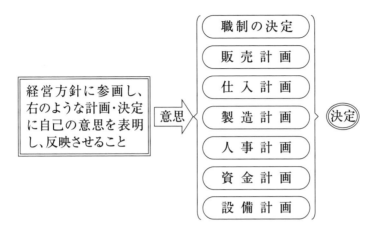

4 使用人兼務役員

役員の地位と使用人としての職制上の地位を併せ持っている者で一定の要件に該当する者をいいます（法34⑥）。

使用人兼務役員に支給される賞与のうち使用人部分として一定のものは損金の額に算入できるなど、税務上一般の役員とは異なる取扱いとなっています。

ただし、次の者は使用人兼務役員となりません（法34⑥、令71）。

⑴　代表取締役、代表執行役、代表理事及び清算人

⑵　副社長、専務、常務その他これらに準ずる職制上の地位を有する役員

⑶　合名会社、合資会社及び合同会社の業務執行社員

⑷　取締役（指名委員会等設置会社の取締役及び監査等委員である取締役に限ります。）、会計参与及び監査役並びに監事

⑸　同族会社の役員のうち、上記2の使用人を役員と読み替えた場合に特定株主となる役員

役員に対する退職給与は損金の対象となるか

役職に対する退職給与は、原則として、損金の額に算入されます（法34、令70）。

1 役員に対する退職給与とは

退職したことに基因して支払われる給与をいいます。退職給与は退職に際して支給されるものですが、退職により支給されるものであっても、その性質が福利厚生費、慰謝料その他これらに準ずるものは退職給与とはなりません。

また、退職した役員に対する退職給与の額については、原則として株主総会の決議等によりその額が具体的に確定した日の属する事業年度の損金の額に算入されますが、その退職給与の額が隠蔽又は仮装経理により支給されたものである場合や不相当に高額（過大）であると認められる部分の金額は、損金の額に算入されません（法34②③、基通9─2─28）。

(注) 業績連動給与に該当する退職給与のうち業績連動給与の損金算入要件を満たさないものは、その金額が損金不算入となります（法34①）。

2 過大な役員に対する退職給与とは

以下の(1)～(3)に照らして、その退職した役員に対する退職給与として相当であると認められる金額を超える場合のその超える部分の金額をいいます（令70二）。

(1) その役員が法人の業務に従事した期間

(2) その退職の事情

(3) 同種の事業で、類似する事業規模の法人が支給する退職給与の支給状況

（注）1　使用人兼務役員に対する退職給与が不相当に高額であるかどうかの判定は、役員分と使用人分とに区分して支給した場合であっても、その合計額によって判定します（基通9─2─30）。

　　　2　退職した役員が法人からの退職給与のほかに、使用人兼務役員としての過去の勤務に応ずる厚生年金基金からの給付、確定給付企業年金規約に基づく給付、確定拠出企業型年金規約に基づく給付又は適格退職年金契約に基づく給付を受ける場合には、これらを総合的に勘案して退職給与の額が不相当に高額であるかどうかの判定をすることになります（基通9─2─31）。

3　役員の分掌変更等の場合の退職給与等

(1)　使用人が役員となった場合で、退職給与規程に基づき、使用人であった期間に係る退職給与として計算される金額を支給したときの退職給与は、損金の額に算入されます（基通9─2─36）。

(2)　例えば、次のように、役員が分掌変更等により、その役員としての地位又は職務の内容が激変し、実質的に退職したことと同じような事情である場合の退職給与についても損金の額に算入されます（基通9─2─32）。

　　イ　常勤役員が非常勤役員（注）になったこと。

　　ロ　取締役が監査役（注）になったこと。

　　ハ　分掌変更等の後におけるその役員（注）給与が激減（おおむね50％以上の減少）したこと。

　　（注）　その法人の経営上主要な地位を占めていると認められる者等を除きます。

4　退職年金の損金算入時期

　退職した役員又は使用人に対して支給する退職年金は、その支給すべき時の損金の額に算入します（基通9─2─29）。

個人事業時の在職期間に係る退職金

> **問** 当社の代表者Aが代表者の長男Bに経営を全て委譲し退職することになりました。
>
> Aは当社の創業者であり、当社は、Aの個人事業を法人成りしたものです。
>
> 退職金を支給するに当たり、個人事業当時の在職期間を退職給与の計算に含めて算出した場合、課税上問題はないでしょうか。

答 個人事業当時の在職期間部分については、過大役員退職給与に該当することになります。

解説 役員は法人との委任関係に立つものであり、個人事業当時の在職期間は法人の業務に従事したものではないので、その期間を含めて計算した場合には法人の損金とは認められないことになります。

生命保険を原資とする退職金

> **問** 当社の社長が現職のまま死亡しました。
>
> 当社は、社長を被保険者、当社を保険金受取人とする生命保険に加入していたため、1億円の保険金を受け取りました。その後、これを原資として、死亡した代表者の遺族に退職金1億円を支給しましたが、全額が役員退職金として認められるでしょうか。

答 不相当に高額であると認められた部分は、過大役員退職給与となり損金の額に算入されないことになります。

解説 受け取る保険金は法人の収益に計上することになりますが、その範囲内であれば、死亡した役員に退職金をいくら支払ってもよいという取扱いはありませんので、たとえ生命保険金が原資であっても、役員退職金の額が不相当に高額であると認められた部分は、損金の額に算入されないことになります。

使用人兼務役員が常務に昇格したことに伴い支給する退職金

> 問 当社では、使用人兼務役員であった取締役総務部長が常務取締役に昇格することになりました。この役員については、使用人兼務役員の使用人部分について退職があったものとして使用人部分の退職金を支給することにしたいと考えていますが、法人税法上、どのような取扱いとなりますか。
>
> なお、使用人から使用人兼務役員に昇格したときにも、使用人として勤務した期間に係る退職金を打切り支給しています。

答 一定の場合を除き、当該役員に対する給与となり、定期同額給与等に該当しない限り損金の額に算入することはできません。

解説 使用人兼務役員が、常務取締役など使用人兼務役員とされない役員となった場合において、使用人兼務役員であった期間の退職金として支給した金額は、たとえ使用人の職務に対する退職金として計算されているときであっても、その役員に対する退職金以外の給与となります。

ただし、その支給が次のいずれにも該当するものについては、その支給した金額は使用人としての退職金として取り扱われます（基通9－2－37）。

(1) 過去において使用人から使用人兼務役員に昇格した者（使用人であった期間が相当の期間であるものに限ります。）であり、その昇格をした時に使用人であった期間に係る退職金の支給をしていないこと。

(2) 支給した金額が使用人としての退職給与規程に基づき、使用人であった期間及び使用人兼務役員であった期間を通算して、その使用人としての職務に対する退職金として計算され、かつ、退職金として相当な金額であると認められること。

役員に対する退職給与の追加支給

> 問 退職した役員Aに対して、株主総会の決議に基づいて500万円の退職給与を支給し損金に計上しましたが、Aの退職時は会社の業績が思わしくなかったので少なめに退職給与の決議をした事情がありました。
>
> そこで、その後退職した役員の退職給与の支給状況を勘案してAに対して、退職給与の追加支給をしたいと考えていますが、税務上退職給与と認められるでしょうか。

答 退職給与とは認められません。

解説 役員の退職給与は、株主総会の決議等により支給すべき額を具体的に確定した日の属する事業年度において、その退職役員に対する支給額として相当な額が損金の額に算入されます。また、その具体的な確定は、その時に行われた株主総会に限られています。したがって、その後に追加支給があったとしても、勤務実績に基づかない支給であり、退職金とは認められないことになります（基通9—2—28）。

使用人の給与・退職給与は損金の対象となるか

特殊関係使用人

使用人給与は原則として損金の額に算入されますが、特殊関係使用人に対する給与の額及び退職給与の額のうち、不相当に高額な部分の金額は損金の額に算入されません（法36）。

1 特殊関係使用人とは

特殊関係使用人とは、役員と次の関係にある使用人をいいます（令72）。

① 役員の親族

② 役員と事実上婚姻関係と同様の関係にある者

③ ①、②以外の者で、役員から生計の支援を受けているもの

④ ②、③の者と生計を一にするこれらの者の親族

ポイント

○ ③の「役員から生計の支援を受けているもの」とは、その役員から給付された金銭その他の財産又は給付を受けたこれらの金銭及び財産を運用することによって生じた収入を生活費に充てている者をいいます（基通9―2―40）。

○ ④の「生計を一にする」とは、仕送り等により日常生活の資を共にしていればよく、必ずしも同居している必要はありません（基通9―2―41、1―3―4）。

2 不相当に高額な給与とは

特殊関係使用人に対して支給した給与の額が、

① その特殊関係使用人の職務の内容

② その法人の収益

③　他の使用人に対する給与の支給の状況

④　同種の事業で類似する事業規模の法人が支給する給与の支給状況

などに照らして、その使用人の職務の対価として相当と認められる金額を超える場合のその超える金額をいいます（令72の2）。

3　不相当に高額な退職給与とは

退職した特殊関係使用人に対して支給した退職給与の額が、

①　その特殊関係使用人が業務に従事した期間

②　その退職の事情

③　同種の事業で類似する事業規模の法人が支給する退職給与の支給状況

などに照らして、その退職した使用人の退職給与として相当と認められる金額を超える場合のその超える金額をいいます（令72の2）。

(注)　退職した特殊関係使用人に対して、適格退職年金契約等に基づく給付がある場合の高額かどうかの判定は、過大な役員退職給与の判定と同様になります（111ページ（注2）参照）。

特殊関係使用人に対して支給する給与

> 問　当社では、退職した事務員の代わりとして役員の親族を週4回1日4時間勤務で雇うことにしました。仕事内容は電話の対応と簡単な帳簿の記帳であり、月々の給与として50万円程度支払うことを予定しています。この場合、全額を損金の額に算入して差し支えないでしょうか。
>
> 　当社において、週5回1日7時間勤務し、経理事務の一切を行っているA事務員に対する月々の給与は20万円程度です。

答　役員の親族は「特殊関係使用人」に当たるので、その職務の対価として相当と認められる金額を超える部分の金額は損金の額に算入されません。

解説　特殊関係使用人に対する給与のうち、不相当に高額な部分の金額は損金の額に算入されないこととされていますので、貴社においても、①役員の親族の職務の内容②貴社の収益及びA事務員等の使用人に対する給与の支給状況③貴社と同種同規模法人の使用人に対する給与支給状況等を総合的に勘案して、給与が不相当に高額かどうか判断することになります。

給与・退職金

使用人賞与は
いつ計上すべきか

法人が各事業年度において、使用人に対して支給する賞与は、その賞与の支給形態に応じて、損金の額に算入することとなります（令72の3）。

1　使用人賞与とは

　臨時的に支給される給与（債務免除益その他の経済的利益を含みます。）のうち、次の(1)～(4)以外のものをいい、使用人兼務役員に対する賞与のうちの使用人部分を含みます（令72の3）。

(1)　他に定期の給与を受けていない者に対して継続して毎年所定の時期に定額を支給する定めにより支給されるもの

(2)　退職給与

(3)　一定の新株予約権によるもの

(4)　一定の株式によるもの

2　使用人賞与の損金算入時期

　法人が各事業年度において使用人に対して支給する賞与はその支給形態に応じて次の事業年度に損金算入することになります（令72の3）。

賞与の支給形態	要　　　　　件	損金算入事業年度
①労働協約又は就業規則により定められる支給予定日が到来している賞与	イ　使用人に支給額の通知がされていること ロ　支給予定日又は通知をした日の属する事業年度において、その支給額につき損金経理をしていること	支給予定日又は通知をした日のいずれか遅い日の属する事業年度
②翌事業年度1か月以内に支払う賞与	イ　支給額を各人別に、かつ、同時期に支給を受ける全ての使用人に対して通知していること(注) ロ　イの通知をした金額を通知をした全ての使用人に対し、通知をした日の属する事業年度終了の日の翌日から1か月以内に支払っていること ハ　支給額につきイの通知をした日の属する事業年度において損金経理をしていること	使用人に支給額の通知をした日の属する事業年度
③　①及び②以外の賞与	→	支給した日の属する事業年度

（注）　支給日に在職する使用人のみに賞与を支給することとしている場合の支給額の通知は、この要件の全ての使用人に対してする通知には当たりません（基通9－2－43）。

使用人賞与の損金算入時期

> 問　当社（3月決算）は、令和4年4月30日現在の在職使用人に対して同日に賞与を支給することとし、令和3年3月29日に使用人全員に対して各人の支給金額を通知し、令和4年3月末の在職使用人全員に対して支給すべき賞与の合計額を未払金として当期（令和4年3月期）の損金の額に算入しましたが、税務上問題が生じますか。
>
> 　なお、令和4年4月30日に、同日までに退職した2名を除く在職者に対して通知した金額を賞与として支給しました。

答　当期の未払計上による損金算入は認められず、支給日の属する事業年度（令和4年3月期）の損金の額に算入することになります。

解説　法人が使用人に対して支給する賞与の損金算入時期を判定する上での支給形態及び諸要件については令72の3に定められているとおりですが、これらの要件は、法人が未払計上した賞与全体についてその損金性を判断するものですので、

ご質問のいわゆる決算賞与のような賞与についても実際に賞与を支払ったものと同視し得るような状態にあることが求められます。

　したがって、支給額の通知を行ったとしても、支給日までに退職した者に対しては賞与を支給しなかった場合はもちろん、退職者がいなかったために結果として全額を支払った場合であっても、支給日までに退職した者に対しては賞与を支給しないこととしているものについては、同令二イの「支給額の通知」に該当せず、未払賞与について損金の額に算入できないこととなります（基通9―2―43）。

保　険　料

生命保険料等は損金となるか

法人が自己を契約者、役員又は使用人を被保険者として加入した生命保険及び第三分野保険の保険料はその種類、契約の内容によって取扱いが異なります（基通9－3－4～7の2）。

1　一般の養老保険の保険料は

　　養老保険とは、被保険者の死亡又は満期によって保険金が支払われる生命保険をいいます。法人が、自己を契約者とし、役員又は使用人（これらの者の親族を含みます。）を被保険者とする養老保険の取扱いは次のとおりです（基通9－3－4）。

種類	保　険　金　受　取　人		保　険　料　の　取　扱　い
	死亡保険金(注1)	生存保険金(注2)	
養老保険	法　　　人		保険積立金等として資産計上
	被保険者又は遺族		給　　　与
	被保険者の遺族	法　　　人	$\frac{1}{2}$ 保険積立金等として資産計上 $\frac{1}{2}$ 期間の経過に応じて損金算入(注3)

（注）1　死亡保険金とは、被保険者が死亡した場合に支払われる保険金をいいます。

　　　2　生存保険金とは、被保険者が保険期間の満了の日その他一定の時期に生存している場合に支払われる保険金をいいます。

　　　3　保険契約が役員又は部課長その他特定の使用人のみを被保険者としている場合、その保険料は、その役員又は使用人に対する給与となります。

— 120 —

2 定期保険及び第三分野保険の保険料は

定期保険とは、一定期間内に被保険者が死亡した場合にのみ保険金が支払われる生命保険をいい、第三分野保険とは、医療保険、介護費用保険、傷害保険等の保険業法第3条第4項第2号に掲げる保険（これに類するものを含みます。）をいいます。法人が、自己を契約者とし、役員又は使用人（これらの者の親族を含みます。）を被保険者とする定期保険及び第三分野保険の取扱いは次のとおりです（基通9－3－5、9－3－5の2）。

⑴ 解約返戻金のある定期保険及び第三分野保険（令和元年7月8日以後の契約に係るもの）

保険期間3年未満又は最高解約返戻率（注1）50%以下	最高解約返戻率50%超70%以下		最高解約返戻率70%超85%以下	最高解約返戻率85%超（注2）
	被保険者一人当たりの年換算保険料相当額（注1）			
	30万円以下	30万円超		
保険期間（注1）の経過に応じて損金算入（期間損益）	保険期間開始日～保険期間の4割経過日【資産計上期間】			保険期間開始日～最高解約返戻率となる期間の終了日【資産計上期間】
	① 当期分支払保険料(注1)×40%相当額を保険積立金等として資産計上 ② ①以外の金額を損金算入	① 当期分支払保険料×60%相当額を保険積立金等として資産計上 ② ①以外の金額を損金算入		① 当期分支払保険料×70%（保険期間開始日～10年経過日までの期間は90%）相当額を保険積立金等として資産計上 ② ①以外の金額を損金算入
	資産計上期間経過後～取崩期間開始前【据置期間】			
	当期分支払保険料の額を損金算入			
	保険期間の7.5割経過後～保険期間終了日【取崩期間】			解約返戻金が最高額となる期間等の経過後～保険期間終了日【取崩期間】
	当期分支払保険料の額＋資産計上累積額の均等取崩額を損金算入			

(注) 1　「最高解約返戻率」、「当期分支払保険料」、「年換算保険料相当額」及び「保険期間」とは、それぞれ次のものをいいます。

　　イ　最高解約返戻率とは、その保険の保険期間を通じて解約返戻率（保険契約時において契約者に示された解約返戻金相当額について、それを受けることとなるまでの間に支払うこととなる保険料の額の合計額で除した割合）が最も高い割合となる期間におけるその割合をいいます。

　　ロ　当期分支払保険料とは、その支払った保険料のうち当該事業年度に対応する部分の金額をいいます。

　　ハ　年換算保険料相当額とは、その保険の保険料の総額を保険期間の年数で除した金額をいいます。

　　ニ　保険期間とは、保険契約に定められている契約日から満了日までをいい、当該保険期間の開始の日以後1年ごとに区分した各期間で構成されているものとして適用します。なお、保険期間が終身である第三分野保険については、保険期間の開始の日から被保険者の年齢が116歳に達する日までを計算上の保険期間とします。

　　2　「最高解約返戻率85％超」の欄について

　　イ　最高解約返戻率となる期間経過後において、期間経過後の各期間が、その期間の解約返戻金からその直前の期間の解約返戻金を控除した金額を年換算保険料相当額で除した割合の70％を超える期間がある場合には、その超えることとなる期間が資産計上期間となります。

　　ロ　資産計上期間が5年未満となる場合には5年経過日まで（保険期間が10年未満の場合には5割経過日まで）となります。この場合の取崩期間は、資産計上期間経過後から保険期間満了日までとなります。

　　ハ　【資産計上期間】の「最高解約返戻率となる期間」及び「70％を超える期間」並びに【取崩期間】の「解約返戻金が最高額となる期間」が複数ある場合には、そのうちの最も遅い期間となります。

ポイント

○　一定期間分の保険料の額の前払をした場合には、その全額を資産に計上し、資産に計上した金額のうち当該事業年度に対応する部分の金額について、この取扱いによります。

○　契約内容の変更があった場合、保険期間のうち当該変更以後の期間においては、変更後の契約内容に基づいて判断します。なお、その契約内容の変更に伴い、責任準備金相当額の過不足の精算を行う場合には、その変更後の契約内容に基づいて計算した資産計上額の累積額と既往の資産計上額の累積額との差額について調整を行います。

○　保険金又は給付金の受取人が被保険者又はその遺族である場合であって、

役員又は部課長その他特定の使用人（これらの者の親族を含みます。）のみを被保険者としているときには、その支払った保険料の額は、当該役員又は使用人に対する給与となります。

⑵　**解約返戻金のない（ごく少額の返戻金のあるものを含み、保険料の払込期間が保険期間より短いものに限ります。）短期払の定期保険及び第三分野保険（令和元年10月 8 日以後の契約に係るもの）**

①　被保険者一人当たりの当期に支払った保険料額が30万円以下

保険期間の経過に応じて損金算入（期間損益）又は支払時の損金算入

②　被保険者一人当たりの当期に支払った保険料額が30万円超

保険期間の経過に応じて損金算入（期間損益）

⑶　**上記⑴、⑵の契約より前の契約に係るもの**

イ　一般の定期保険

（注）　保険契約が役員又は部課長その他特定の使用人のみを被保険者としている場合、その支払保険料はその役員又は使用人に対する給与となります。

ロ　長期平準定期保険等の保険料

	区　　　　　分	前 払 期 間	資 産 計 上 額
長期平準定期保険（注2、3）	保険期間満了の時における被保険者の年齢が70歳を超え、かつ、当該保険に加入した時における被保険者の年齢に保険期間の 2 倍に相当する数を加えた数が105を超えるもの（逓増定期保険に該当するものを除きます。）	保険期間の開始の時から当該保険期間の60％に相当する期間（注 1 ）	支払保険料の$\frac{1}{2}$に相当する金額（残りの$\frac{1}{2}$は上記イの定期保険の保険料の取扱いと同様となります。）

	区　　　　分	前 払 期 間	資産計上額
逓増定期保険（注2、3）	① 【平成20年２月28日以後の契約分】 　保険期間満了の時における被保険者の年齢が45歳を超えるもの 【平成20年２月28日前の契約分】 　保険期間満了の時における被保険者の年齢が60歳を超え、かつ、当該保険に加入した時における被保険者の年齢に保険期間の２倍に相当する数を加えた数が90を超えるもの（②又は③に該当するものを除きます。）	保険期間の開始の時から当該保険期間の60％に相当する期間（注１）	支払保険料の$\frac{1}{2}$に相当する金額（残りの$\frac{1}{2}$は上記イの定期保険の保険料の取扱いと同様となります。）
	② 【平成20年２月28日以後の契約分】 　保険期間満了の時における被保険者の年齢が70歳を超え、かつ、当該保険に加入した時における被保険者の年齢に保険期間の２倍に相当する数を加えた数が95を超えるもの 【平成20年２月28日前の契約分】 　保険期間満了の時における被保険者の年齢が70歳を超え、かつ、当該保険に加入した時における被保険者の年齢に保険期間の２倍に相当する数を加えた数が105を超えるもの （③に該当するものを除きます。）	同　　　　上	支払保険料の$\frac{2}{3}$に相当する金額（残りの$\frac{1}{3}$は上記イの定期保険の保険料の取扱いと同様となります。）
	③ 保険期間満了の時における被保険者の年齢が80歳を超え、かつ、当該保険に加入した時における被保険者の年齢に保険期間の２倍に相当する数を加えた数が120を超えるもの	同　　　　上	支払保険料の$\frac{3}{4}$に相当する金額（残りの$\frac{1}{4}$は上記イの定期保険の保険料の取扱いと同様となります。）

(注)1　前払期間に１年未満の端数がある場合には、その端数を切り捨てた期間を前払期間とします。

　　2　保険期間の全部又はその数年分の保険料をまとめて支払った場合には、一旦その保険料の全部を前払金として資産計上し、その支払の対象となった期間の経過に応ずる経過期間分の保険料について、上記の取扱いを適用します。

　　　また、保険期間のうち前払期間（保険期間の60％）を経過した後の期間については、各年の支払保険料の額を上記イの定期保険の保険料の取扱いの例により損金の額に算入するとともに、資産に計上した前払金等の累積額をその期間の経過に応じて取り崩し、損金の額に算入します。

　　3　役員又は部課長その他特定の使用人のみを被保険者とし、死亡保険金の受取人を被保険者の遺族としている場合には、その役員又は使用人に対する給与とされます。

ハ　医療保険（終身保障タイプ）の保険料

　　法人が自己を契約者とし、役員又は使用人（これらの者の親族を含みます。）を被保険者（注1）として医療保険（終身保障タイプ）（注2）に加入した場合の保険料の取扱いについては、次のとおりです（平13.8.10課審4―100（令元.6.28課法2―13により廃止経過的取扱い））。

保険金受取人	保険料払込期間	保険料の取扱い	
法　人	終　身　→	払込の都度損金算入	
	有　期	各期の支払保険料	払込保険料 × $\dfrac{保険料払込期間}{105-加入時年齢}$ ＝損金算入額 払込保険料－上記損金算入額 ＝保険積立金等として資産計上
		払込期間満了後	$\dfrac{保険料払込満了時の積立保険料}{105-被保険者の払込満了時年齢}$ ＝損金算入額

（注）1　役員又は部課長その他特定の使用人（これらの者の親族を含みます。）のみを被保険者としている場合には、その役員又は使用人に対する給与となります。

　　　2　「医療保険（終身保障タイプ）」の概要

保　険　事　故	保　険　金	払　戻　金
災害による入院 病気による入院 災害又は病気による手術	災害入院給付金 病気入院給付金 手術給付金	保険料は掛け捨て 保険契約の失効、告知義務違反による解除及び解約等の場合には、保険料の払込期間に応じた所定の払戻金が保険契約者に払い戻される

ニ　がん保険（終身保障タイプ）の保険料

　　法人ががん保険（終身保障タイプ）（注）に加入して保険料を支払った場合の保険料の取扱いについては、次のとおりです（平24.4.27課法2―3（令元.6.28課法2―13により廃止経過的取扱い））。

　　ただし、平成24年4月26日以前の契約に係るがん保険（終身保障タイ

プ）の取扱いについては、「ハ　医療保険（終身保障タイプ）の保険料」と同様です。また、保険金受取人が役員又は使用人で、役員又は部課長その他特定の使用人（これらの者の親族を含みます。）のみを被保険者としている場合には、その役員又は使用人に対する給与となります。

保険事故		保険金		取　扱　い	
保険金受取人	払込期間	払戻金	区　分		
法人 役員又は使用人（これらの者の親族を含む）	終　身	あ　り	保険期間のうち前払期間を経過するまでの期間	各事業年度の支払保険料の額	1/2…前払金等として資産計上 1/2…損金算入
			保険期間のうち前払期間を経過した後の期間		損金算入
				資産計上（前払金等）累計額	Aの金額を資産計上累計額から取り崩して損金算入 A＝資産計上累計額×1÷（105－前払期間経過年齢）
		な　し		払込の都度損金算入	
	有期（一時払い含む）	あ　り	保険期間のうち前払い期間を経過するまでの期間	保険料払込期間が終了するまでの期間	各事業年度の支払保険料の額
					B…資産計上（前払金等） 支払保険料－B＝損金算入 当期分保険料 ＝保険料払込期間÷保険期間×支払保険料 B：当期分保険料×$\frac{1}{2}$＋（支払保険料－当期分保険料）
				保険料払込期間が終了した後の期間	資産計上（前払金等）累計額
					当期分保険料×$\frac{1}{2}$を資産計上累計額から取り崩して損金算入
			保険期間のうち前払期間を経過した後の期間	保険料払込期間が終了するまでの期間	各事業年度の支払保険料の額
					支払保険料のうち、当期分保険料までの金額…損金算入 支払保険料のうち当期分保険料を超える金額…前払金等として資産計上

保険事故		保険金		取　扱　い
保険金受取人	払込期間	払戻金	区　分	
法人 役員又は使用人（これらの者の親族を含む）	有期（一時払い含む）	あ　り	保険期間のうち前払期間を経過した後の期間	保険料払込期間が終了するまでの期間　資産計上（前払金等）累計額	Cの金額を資産計上累計額から取り崩して損金算入 $$C = \left(\dfrac{\text{当期分}\text{保険料}}{2} \times \text{前払}\text{期間} \right) \times \dfrac{1}{105 - \text{前払期間}\text{経過年齢}}$$
				保険料払込期間が終了した後の期間　資産計上（前払金等）累計額	当期分保険料の金額とCの金額を当期払込の上記各取扱いにより資産計上した累計額から取り崩して損金算入
		な　し			払込の都度損金算入

前払期間とは、保険期間開始の時からその保険期間の50%に相当する期間をいいます。

なお、前払期間に1年未満の端数がある場合には、その端数を切り捨てた期間を前払期間といいます。

（注）「がん保険（終身保障タイプ）」の概要

保　険　事　故	保　険　金	払　戻　金	備　考
初めてがんと診断 がんによる入院 がんによる手術 がんによる死亡	がん診断給付金 がん入院給付金 がん手術給付金 がん死亡保険金	保険料は掛け捨て 保険契約の失効、告知義務違反による解除及び解約等の場合には、保険料の払込期間に応じた所定の払戻金が保険契約者に払い戻されることもある	がん以外の原因により死亡した場合にごく少額の普通死亡保険金が支払われるものも含まれる （ただし、毎年の付保利益が一定である契約に限る）

ホ　介護費用保険の保険料

　　介護費用保険とは、法人が自己を契約者とし、役員又は使用人を被保険者として加入した損害保険で、被保険者が寝たきり又は痴ほう等により介護が必要な状態となった場合に保険事故が生じたとして保険金が被保険者

に支払われるものをいいます。

保険期間が終身である介護費用保険に係る支払保険料については、その保険事故の多くが被保険者が高齢になってから発生するにもかかわらず、各年の支払保険料が毎年平準化されているため、60歳頃までに中途解約又は失効した場合には相当多額の解約返戻金が生ずることから、その支払保険料の損金算入時期は次のとおりとなります（平元.12.16直審 4 ―52（令元.6.28課法 2 ―13により廃止経過的取扱い））。

期間区分 ＼ 保険料	年払又は月払	一　時　払	数年分のまとめ払
被保険者が60歳に達するまでの支払分	$\frac{1}{2}$ …資産（前払費用等）計上（注3） $\frac{1}{2}$ …期間の経過に応じて損金算入	保険料払込期間を加入時から75歳に達するまでと仮定し、その期間の経過に応じて期間経過分の保険料について「年払又は月払」欄の取扱いを適用	その保険料の全額を前払金として資産計上し、その支払対象期間の経過に応じて経過期間分の保険料について「年払又は月払」欄の取扱いを適用
被保険者が60歳に達した以後の支払分等	期間の経過に応じて損金算入		

(注) 1　役員又は部課長その他特定の使用人（これらの者の親族を含みます。）のみを被保険者とし、保険金の受取人を被保険者として加入する場合には、その役員又は使用人に対する給与となります。

2　被保険者の年齢が60歳に達する前に保険料を払済みとする保険契約又は払込期間が15年以下の短期払済みの年払又は月払の保険契約の場合には、その支払保険料の総額を一時払したものとして、かつ、保険料払込期間を加入時から75歳に達するまでと仮定し、その期間の経過に応じて期間経過分の保険料について、上記の取扱いを適用することとされています。

3　被保険者が60歳に達するまでの支払保険料のうち前払費用等に計上した累積額については、60歳以後15年で期間の経過により取り崩して損金の額に算入します。

　ただし、保険事故が生じた場合には、上記の取扱いにかかわらず資産計上している保険料について一時の損金の額に算入することができます。

(4) 定期付養老保険の取扱い

支払った保険料の額（(5)の特約に係る保険料を除きます。）は次のとおり取り扱うものとされます（基通 9 ― 3 ― 6 ）。

イ　保険料が区分されている場合……それぞれの区分に応じて上記により取り扱います。

　ロ　保険料が区分されていない場合……その保険料の額について養老保険の取扱いに準じて処理します。

⑸　**傷害特約等の保険料の取扱い（令和元年 7 月 8 日（⑵の契約においては令和元年10月 8 日）以後の契約に係る特約）**

　特約を付した養老保険、定期保険、第三分野保険又は定期付養老保険等における、特約に係る保険料は、特約の内容に応じ、上記により取り扱います（基通 9 ― 3 ― 6 の 2 ）。

⑹　**個人年金保険の保険料**

　個人年金保険には、いわゆる満期保険金はなく、死亡給付金の額が保険料払込期間の経過期間に応じて逓増するなど、養老保険とはその仕組みが異なっていますので、法人が個人年金保険に加入して保険料を支払った場合におけるその支払った保険料の額（傷害特約等の特約に係る保険料の取扱いについては「⑸傷害特約等の保険料の取扱い」が適用されます。）の取扱いについては、次のとおりです（平 2 . 5 .30直審 4 ―19）。

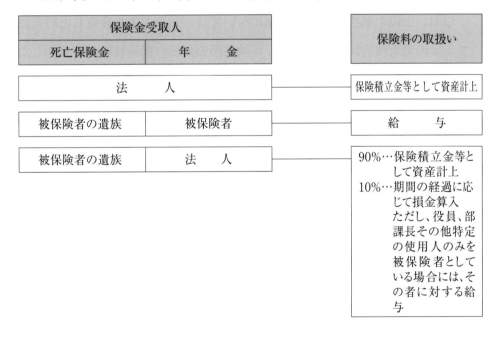

保険金受取人		保険料の取扱い
死亡保険金	年　　金	
法　　人		保険積立金等として資産計上
被保険者の遺族	被保険者	給　　与
被保険者の遺族	法　　人	90％…保険積立金等として資産計上 10％…期間の経過に応じて損金算入 ただし、役員、部課長その他特定の使用人のみを被保険者としている場合には、その者に対する給与

3 保険契約を転換した場合

いわゆる契約転換制度により、他の養老保険、定期保険、第三分野保険又は定期付養老保険等（以下「転換後契約」といいます。）に転換した場合には、資産計上額のうち、転換後契約の責任準備金に充当される部分の金額（以下「充当額」といいます。）を超える部分の金額をその転換をした日の属する事業年度の損金の額に算入することができます（基通9－3－7）。

この場合、資産計上額のうち、充当額に相当する部分の金額は、その転換のあった日に保険料の一時払いをしたものとして、転換後契約の内容に応じて、上記により処理します。

4 払済保険へ変更した場合

法人が既に加入している生命保険をいわゆる払済保険（注1）に変更した場合には、原則として、その変更時における解約返戻金相当額と資産計上額との差額を、その変更した日の属する事業年度の益金の額又は損金の額に算入することになります（基通9－3－7の2）。

なお、上記の解約返戻金相当額については、払済保険へ変更した時点において、その変更後の保険に加入して保険期間の全部の保険料を一時払いしたものとして、上記1、2により処理することになります（注2）。

また、払済保険が復旧された場合には、払済保険に変更した時点で益金の額又は損金の額に算入した額を復旧した日の属する事業年度の損金の額又は益金の額に、また、払済保険に変更した後に損金の額に算入した額は同事業年度の益金の額に算入することになります。

（注）1　保険契約において、既契約の途中で保険料が支払えなくなったような場合に、保険料の払込を中止し、既払保険料に係る解約返戻金を利用して契約の存続を図る方法を一般に「払済保険」といいます。

2　既に加入している生命保険の保険料の全額（障害特約等に係る保険料の額を除きます。）が役員又は使用人に対する給与となる場合は、処理を行う必要はありません。また、養老保険、終身保険、定期保険、第三分野保険及び年金保険（特約が付加

されていないものに限ります。）から同種類の払済保険に変更した場合には、これらの保険について洗替経理処理を行わず、そのまま保険事故が発生又は解約失効等により契約が終了するまで資産計上を継続することもできます。

保 険 料

損害保険料は 損金となるか

損害保険契約に係る支払保険料は、その保険契約が長期損害保険契約（保険期間が３年以上で、かつ、満期返戻金のあるもの）に該当するか否かによってその取扱いが異なります（基通９－３－９～12）。

1 長期の損害保険は

対象	保険契約者	被保険者	保 険 料 の 取 扱 い	
			積立保険料に相当する部分	その他の部分
法人の建物等	法 人		保険積立金等として資産計上	期間の経過に応じて損金算入(注1)
賃借した建物等(注2)	法 人	所 有 者	保険積立金等として資産計上	期間の経過に応じて損金算入(注1)
	所 有 者		建 物 等 の 賃 借 料	
役員又は使用人の建物等(注3)	法 人	役員又は使用人	保険積立金等として資産計上	給 与(注4)
	役員又は使用人		給 与	

(注) 1　短期前払費用の取扱いが認められます（基通２－２－14）。
　　　2　役員又は使用人から賃借しているもので当該役員又は使用人に使用させているものを除きます。
　　　3　役員又は使用人から賃借しているもので当該役員又は使用人に使用させているものを含みます。
　　　4　所得税法上、経済的利益として課税されないものについて、法人が給与として経理しない場合には、給与として取り扱いません。

— 132 —

ポイント

○ 長期の損害保険につき資産に計上している積立保険料については、保険事故の発生により保険金の支払を受けた場合でも、契約が失効しないときは損金の額に算入されません（基通9―3―12）。

○ 損害保険金の請求権は被保険者（建物等の所有者）に、また、満期返戻金・解約返戻金・契約者配当金の請求権は保険契約者にあります。

2　長期の損害保険以外の損害保険は

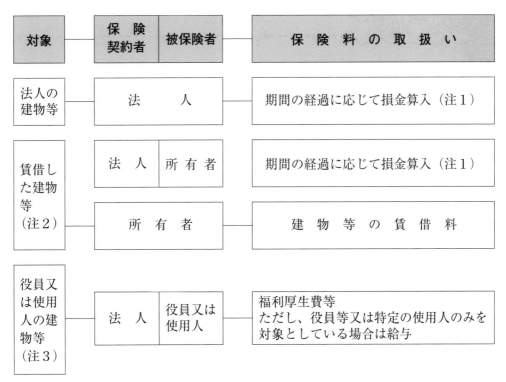

対象	保険契約者	被保険者	保険料の取扱い
法人の建物等	法　人		期間の経過に応じて損金算入（注1）
賃借した建物等（注2）	法　人	所有者	期間の経過に応じて損金算入（注1）
	所　有　者		建物等の賃借料
役員又は使用人の建物等（注3）	法　人	役員又は使用人	福利厚生費等 ただし、役員等又は特定の使用人のみを対象としている場合は給与

(注)1　短期前払費用の取扱いが認められます(基通 2―2―14)。

2　役員又は使用人から賃借しているもので当該役員又は使用人に使用させているものを除きます。

3　役員又は使用人から賃借しているもので当該役員又は使用人に使用させているものを含みます。

会社役員賠償責任保険の保険料は損金となるか

会社役員賠償責任保険の支払保険料のうち、特約保険部分は、被保険者である役員に対する給与として取り扱われます（平6.1.20課法8－2）。

1　会社役員賠償責任保険は

「会社役員賠償責任保険」とは、会社役員が経営上の失敗や不当な支払いを行ったことに基因して、取引先等の第三者又は株主から損害賠償請求（訴訟の提起）を受けた場合の損害賠償金及び訴訟費用を補償する保険をいい、第三者訴訟及び株主代表訴訟（役員勝訴の場合）に係る損害賠償金等を補償する基本契約部分と、株主代表訴訟（役員敗訴の場合）に係る損害賠償金等を補償する特約部分とに区分されています。

損害賠償請求の形　　　　　態	保　険契約者	被保険者	保　険　金受　取　人	税　務　上　の取　　扱　　い
第 三 者 訴 訟	法　人	法人の全ての役員	訴 訟 提 起を受けた役員	損　金　算　入
株 主 代 表 訴 訟	法　人	法人の全ての役員	訴 訟 提 起を受けた役員	損　金　算　入 （特約部分） 役員に対する給与(注)

（注）　株主総会（取締役会設置会社においては取締役会）の決議を経るなど一定の手続を行うことにより会社法上適法に負担した場合には、役員に対する給与課税を行う必要はありません。なお、特約保険料について、役員に対する給与課税を行う場合の各役員間の配分については、以下のとおりとなります。

①　役員の人数で均等に配分

②　役員給与に比例して配分

③　代表取締役、取締役、監査役ごとにそれぞれの役割に応じた額で配分等、合理的な基準に基づいて配分

寄 附 金

寄附金は損金となるか

法人が支出した寄附金のうち、一定限度額を超える寄附金の額は損金となりません（法37）。

1 寄附金とは

神社の祭礼等の寄贈金、社会事業団体への拠出金等いわゆる寄附金といわれるもののほか、次のようなものも寄附金となります。

(1) 資産の贈与

(2) 無利息貸付等の経済的利益の無償の供与等

（広告宣伝費、見本品費、福利厚生費、交際費等とされるものは除かれます。）

(3) 低額譲渡

○ (1)及び(2)は、贈与又は供与の時の時価で評価した額、(3)は譲渡時の時価と譲渡価額との差額が寄附金となります。

2 損金とならない寄附金の額の計算は

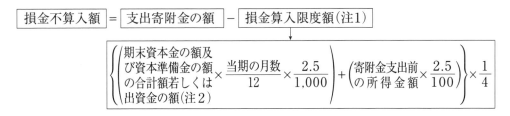

$$\boxed{損金不算入額} = \boxed{支出寄附金の額} - \boxed{損金算入限度額（注1）}$$

$$\left\{ \left(\begin{matrix} 期末資本金の額及 \\ び資本準備金の額 \\ の合計額若しくは \\ 出資金の額（注2） \end{matrix} \times \frac{当期の月数}{12} \times \frac{2.5}{1,000} \right) + \left(\begin{matrix} 寄附金支出前 \\ の所得金額 \end{matrix} \times \frac{2.5}{100} \right) \right\} \times \frac{1}{4}$$

（注）1 ①普通法人、協同組合等及び人格のない社団等であって、資本又は出資を有しないもの、②認可地縁団体、管理組合法人、政党等、特定非営利活動法人など、③公益法人等、④非営利型の一般社団法人・一般財団法人が支出する寄附金については、

上記計算方法とは別の方法により個別に限度額計算を行うことになります。

2　令和4年3月31日以前に開始する事業年度においては、「資本金の額」となります。

ポイント

○　役員個人が負担すべき寄附金を法人が支出した場合には、その役員に対する給与となります（基通9—4—2の2）。

○　未払寄附金、手形で支払った寄附金は、現実に支払いがされるまでの間、その支払いはなかったものとして取り扱われます（令78）。

○　支払った寄附金の額を仮払金等として経理した場合には、その支払った事業年度に支出した寄附金の額として損金算入限度額を計算します（基通9—4—2の3）。

○　被災者に対して支出するもので次のようなものは寄附金には該当しません。

①　災害を受けた取引先に対して、その復旧を支援することを目的として災害発生後相当期間内に、売掛金、貸付金その他これらに準ずる債権の全部又は一部を免除した場合（基通9—4—6の2）

②　災害を受けた取引先に対して、その復旧を支援することを目的として災害発生後相当期間内に、低利又は無利息による融資をした場合（基通9—4—6の3）

③　不特定又は多数の被災者を救援するために、緊急に自社製品等を提供する場合（基通9—4—6の4）

3　国等に対する寄附金及び財務大臣の指定した寄附金があるとき

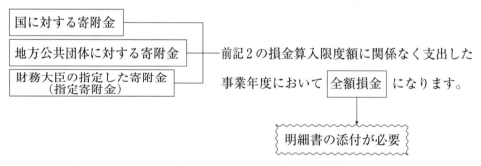

（注）1　国等に対して支出した寄附金であっても、その寄附をした者又は特定の団体が、その寄附によって設けられた設備等を専属的に利用したり、その他特別の利益がそ

の寄附をした者又は特定の団体に及ぶと認められるものは、国等に対する寄附金とはなりません（法37③一）。

2　日本中央競馬会等のように全額政府出資により設立された法人又は日本下水道事業団等のように地方公共団体の全額出資により設立された法人に対する寄附は、国等に対する寄附金には該当しません（基通9―4―5）。

3　被災者に対する義援金として、災害救助法が適用される市町村の区域の被災者のための義援金等の募集を行う募金団体（日本赤十字、新聞・放送等の報道機関等）に拠出する義援金等については、最終的に地方公共団体が組織する義援金配分委員会等に対して拠出されることが募金趣意書等において明らかにされているものであるときは、地方公共団体に対する寄附金に該当するものとして取り扱われます（基通9―4―6）。

4　特定公益増進法人及び認定特定非営利活動法人（認定NPO法人）等に対する寄附金があるとき

$$
\text{支出寄附金の額} - \begin{bmatrix} \text{特定公益増進法人(注1)及び認定特定非営利活動法人等(注2)に対する寄附金と特定公益増進法人に対する寄附金の特別損金算入限度額のいずれか少ない金額} \end{bmatrix} - \begin{bmatrix} \text{2の損金算入限度額} \end{bmatrix} = \begin{bmatrix} \text{損金不算入額} \end{bmatrix}
$$

明細書の添付及び一定の書類の保存が必要

（注）1　特定公益増進法人とは……………教育又は科学の振興、文化の向上、社会福祉への貢献その他公益の増進に著しく寄与するものとして定められた独立行政法人、公共法人、公益法人等のうち特定のものをいいます（法37④）。

　　　2　認定特定非営利活動法人等とは…認定特定非営利活動法人（特定非営利活動促進法第44条第1項の認定を受けた特定非営利活動法人）及び特例認定特定非営利活動法人（特定非営利活動促進法第58条第1項の特例認定を受けた特定非営利活動法人）をいいます（措法66の11の3①②）。

ポイント

○　公益法人等が特定公益増進法人等に対して支出した寄附金については、こ

の適用はなく、一般の寄附金として限度額計算を行うことになります（法37
④ただし書）。

○　特定公益増進法人に対する寄附金については、主たる目的である業務に関
連する寄附金（令和3年4月1日以後に支出する出資に関する業務に充てら
れることが明らかなものを除きます。）であり、かつ「主たる目的である業
務に関連する法37④に規定する寄附金である証明書」等の保存が必要です
（法37④⑨、規24）。

5　特定公益信託に対する支出があるとき

法人が、公益信託ニ関スル法律第1条に規定する公益信託で、一定の要件を満たすもの（特定公益信託）の信託財産とするために支出した金銭の額	→	一般の寄附金の額とみなして前記2と同じ計算
特定公益信託のうち一定の要件に該当するもの（認定特定公益信託）に支出した金銭の額	→	特定公益増進法人等に対する寄附金の額とみなして前記4と同じ計算(注)

（注）　確定申告書に特定公益信託の信託財産とするために支出した金銭の明細書及び主務
大臣等の証明書の写しを添付する必要があります（令77の4⑤）。

親会社に対する内容不明の負担金

問　当社は、親会社から、親会社における新製品の試験研究の費用に充てる
という名目で、当社の売上高に一定率を乗じた金額を研究開発負担金として
支払うよう要求され支払いました。
　その研究開発負担金の計算根拠及び親会社の使途については、親会社から
報告がありませんので一切不明ですが、全額損金として認められるでしょう
か。

答　完全支配関係がある場合を除き、親会社に対する寄附金に該当し、損金算入
限度額を超える部分は損金の額に算入されません。

解説　親会社が負担すべき費用の全部又は一部を子会社が負担した場合には、そ
の負担の原因となった費用の内容及びその負担額の計算方法などからみて、その
負担することに合理性がある場合は、税務上もその負担金の損金算入が認められ
ます（その内容によっては繰延資産に該当します。）。

しかし、その負担の原因となった費用の内容が、①子会社と無関係であったり、②関係があってもその負担金の計算方法が合理的でない場合や、あるいは③負担金の内容が明らかでない場合などは原則として寄附金に該当することになります。

　なお、完全支配関係（法人による完全支配関係に限ります。）がある内国法人間で支出した寄附金の額は、支出した法人において、その全額が損金不算入とされます（法37②）。また、受領した法人においては、その全額が益金不算入とされ、利益積立金額に加算することとなります（法25の2①、令9①一ニ）。

資産の低額譲渡

> 問　当社は、当期において赤字が見込まれる子会社であるＡ社（完全支配関係なし）にてこ入れするため、当社所有の土地（帳簿価額1,000万円で時価３億円）を1,000万円でＡ社へ譲渡し、Ａ社の銀行借入金の担保の一部に充てさせることにしましたが、課税上問題はないでしょうか。

答　特段の事情がない限り、帳簿価額と時価との差額である２億9,000万円（３億円－1,000万円）はＡ社に対する寄附金に該当し、Ａ社は同額を受贈益に計上することになります。

解説　法人税法では、無償による資産の譲渡や無償による資産の譲受けは益金とされています（法22②）。また、資産を時価よりも低い価額で譲渡した場合の時価との差額についてもこれに含まれることとされています（法22の2④）。

　更に、資産の譲渡又は経済的利益の供与をした場合において、その対価として収受した金額がその時価に比べて低い場合のその時価との差額のうち、実質的に贈与したと認められる金額は寄附金として取り扱うことになります（法37⑧）。

取引先に対する無利息貸付け

> 問　当社の子会社であり、専属下請先でもあるＢ社に対して、経営建て直しのため無利息で貸付けを行いましたが、課税上問題はないでしょうか。

答　法人が本来収受すべき利息相当額を収受しないときは、原則として寄附金に該当します。

解説　一般的に、通常収受すべき利息相当額と実際に収受する利息額との差額は

相手方に贈与したものとして取り扱われ、寄附金に該当します。

　ただし、例えば、業績不振の子会社等の倒産を防止するためにやむを得ず行われるもので合理的な再建計画に基づくものである等、無利息貸付けをしたこと等について相当な理由があると認められる場合には、寄附金として取り扱わないこととされています（基通9―4―2）。

市に対する寄附金の取扱い

> 問　当社は、次の寄附金を支出しましたが、これらは、地方公共団体に対する寄附金に該当するでしょうか。
> ①　当社の女子寮があるC市に対して寮周辺の市道を舗装道路とするために支出した寄附金（採納手続をして採納通知を受領している。）
> ②　D市立美術館の新築に際して絵画の寄附を行った場合の絵画の購入費用（採納手続をしていない。）

答　①は繰延資産に該当します。②は一般の寄附金に該当します。

解説　①　国等が採納の手続を経て受け入れ、その寄附金が最終的に国等に帰属しているものであれば国等に対する寄附金として取り扱われることになりますが、その寄附に伴い、その寄附をした者に特別な利益が及ぶようなものは、国等に対する寄附金から除かれています（法37③一）。

　したがって、たとえ市に採納された寄附金であっても、自社の女子寮周辺の市道の舗装化という自己が便益を受ける公共的施設の設置又は改良のための支出は繰延資産に該当することになります（令14①六イ、基通8―1―3）。

　②　市に対して物品の贈与を行っていますが、正式な採納手続を経ていませんので、地方公共団体に対する寄附金とは認められず、一般の寄附金に該当することになります。

災害義援金の取扱い

> 問　当社はこの度A市において発生した大地震の救助・応援に協力するため、日本赤十字社に協力する募金団体に対して200万円の寄附を予定しています。
>
> 　この寄附金は国等に対する寄附金に該当するものとして、全額を損金に算入して差し支えないでしょうか。なお、募金趣意書によれば、寄附された義援金は義援金配分委員会に拠出されることとされています。

答　原則として、国等に対する寄附金に該当するものとして全額を損金の額に算入することができます。

解説　災害救助法が適用される市町村の区域の被災者のための義援金等の募集を行う募金団体（日本赤十字社、新聞、放送等の報道機関等）に対して拠出した義援金等については、その義援金等が最終的に義援金配分委員会等に対して拠出されることが募金趣意書において明らかにされているものであるときは、国等に対する寄附金に該当するものとしてその全額を損金の額に算入することが認められています（基通9―4―6）。

その他の費用

交際費は損金となるか

法人が支出する交際費等の額のうち一定限度額を超える交際費等の額は損金となりません（措法61の4）。

1　交際費等の損金不算入額

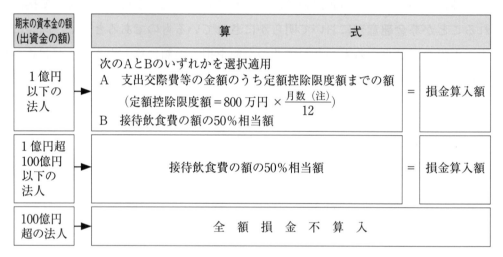

期末の資本金の額 (出資金の額)	算　　　式	
1億円以下の法人	次のAとBのいずれかを選択適用 A　支出交際費等の金額のうち定額控除限度額までの額 　（定額控除限度額＝800万円 × $\dfrac{月数\ (注)}{12}$） B　接待飲食費の額の50％相当額	＝ 損金算入額
1億円超100億円以下の法人	接待飲食費の額の50％相当額	＝ 損金算入額
100億円超の法人	全　額　損　金　不　算　入	

(注)　「月数」は、事業年度の月数をいい、暦に従って計算し、1か月に満たない端数が生じたときは、その端数を1か月とします（措法61の4③）。

　なお、資本又は出資を有しない法人については、次により計算した金額を資本金の額とみなして、損金算入限度額を判定します（措令37の4①一）。

$$資本金相当額 = \left(\boxed{総資産の額} - \boxed{総負債の額} \begin{array}{c} - \boxed{当期利益の額} \\ + \boxed{当期損失の額} \end{array} \right) \times 60\%$$

※　当期末の賃借対照表に記載された総資産の額、総負債の額により計算します。

2 交際費等の範囲

費　目	交際費、接待費、機密費その他の費用
相手方	得意先、仕入先その他事業に関係ある者等（注）
目　的	接待、供応、慰安、贈答などのために支出するもの

（注）　「得意先、仕入先その他事業に関係ある者等」には、直接その法人の営む事業に取
　　　引関係のある者だけでなく、間接的にその法人の利害に関係のある者及びその法人の
　　　役員、従業員、株主等も含まれます（措通61の4(1)―22）。

ポイント

○　仮払金、未払金等として経理されている交際費等であっても、接待等の事
　実のあった事業年度の交際費等の額に含めます。

○　飲食等を除く交際費等に当たる支出金については、原則として金額の多寡
　に関係ありません。

○　機密費、接待費、交際費等の名義をもって支出した金銭（特定の従業員に
　支給されたものでないもの）でその費途が明らかでないものは、損金不算入
　となります（基通9―7―20）。

　　なお、使途秘匿金に該当した場合には、通常の法人税に加え、40％の法人
　税の追加課税が行われます（使途秘匿金については、210ページ参照）。

3　交際費等から除かれるものは

福利厚生費	専ら従業員の慰安のために行われる運動会、演芸会、旅行等のために通常要する費用
飲食等	飲食その他これに類する行為のために要する費用で参加者1人当たり5,000円以下の費用(注)
少額広告宣伝費	カレンダー、手帳、扇子、うちわ、手拭いその他これらに類する物品を贈与するために通常要する費用
会議費	会議に関連して、茶菓、弁当その他これらに類する飲食物を供与するために通常要する費用
取材費	新聞、雑誌等の出版物又は放送番組を編集するために行われる座談会その他記事の収集のために、又は放送のための取材に通常要する費用
その他	上記費用のほか、主として次に掲げるような性質を有するもの ○寄附金　○値引き、割戻し　○広告宣伝費　○福利厚生費 ○給与等

（注）　5,000円以下の一定の飲食費の取扱いの適用については、必要な書類（措規21の18の4に規定する書類をいいます。）を保存している場合に限ります。なお、令和6年4月以降支出するものについては、1万円以下となります。

ポイント

○　役員に対して支出する見舞金であっても、その金額が社会通念上相当のものであれば、給与又は交際費等には該当しません。

○　「会議」には、来客との商談や打合せ等も含まれます。

○　交際費等として経理されている費用であっても、その使途が不明なものは損金の額には算入されません。

○　災害を受けた得意先等の取引先に対して、その復旧支援、取引関係の維持・回復等を目的として、災害発生後相当期間内に行う売掛金、貸付金等の免除、災害見舞金の支出又は事業用資産の供与等に要する支出は交際費等に該当しません（措通61の4(1)－10の2、10の3、18）。

○　交際費等の損金不算入額の算出における定額控除限度額の計算は、確定申告書等、修正申告書又は更正請求書に定額控除限度額の計算に関する明細書の添付がある場合に限り適用されます（措法61の4⑦）。

その他の費用

交際費等と 類似費用との区分

交際費…?

交際費等と類似する費用との区分は、その費用の支出の形態や内容により個々に判断します（措通61の4(1)－2～21）。

　交際費等と類似する費用には、寄附金・売上割戻し等、広告宣伝費などがあります。これらの費用と交際費等に該当する事例について、支出の形態などから区分すると、次のようになります。

区　　　分	交際費等となるもの	交際費等とならないもの
事業に直接関係ない者に対する贈与	接待供応	社会事業団体、政治団体に対する拠金、神社の祭礼等の寄贈金 （寄附金）
売上高等に応じてなされる支出	物品の交付又は旅行、観劇等への招待	金銭若しくは事業用資産の交付又は少額物品の交付 （売上割戻し）
抽選による旅行、観劇等への招待	一般消費者以外を対象として行うもの	一般消費者を対象として行うもの （広告宣伝費）
工場等の見学に伴う支出	特定の取引先に対する高額な記念品の贈答等	一般の工場見学者に対する試飲、試食 （広告宣伝費）
忘年会、新年会等の会食	部課長等特定の従業員だけで行うもの	一般従業員を対象として通常行われるもの （福利厚生費）

区　　　分	交際費等となるもの	交際費等とならないもの
慶弔禍福に関する支出	得意先等社外の者に対するもの（災害見舞金に該当するものを除きます。）	自社の従業員等に対し一定の基準により支給するもの （福利厚生費）
会議に伴う支出	場所を変えて行う懇親会（交際費等から除かれる飲食費を除きます。）	会議に際して社内又は通常会議を行う場所において通常供与される昼食の程度を超えない飲食物等の費用　　（会議費）
取引に関連する支出	取引の当事者の従業員等に対する謝礼	取引の仲介者に対し契約上支払われる役務の対価　（情報提供料等）
社内行事に伴う支出	ホテル等で行った創業記念パーティー等	従業員におおむね一律に社内において供与する飲食　（福利厚生費）

ポイント

○　新社屋の落成披露パーティー等の費用の額は、その総額が交際費等の額となります（招待者からの祝金を控除した残額ではありません）。

○　事業用資産に該当しない物品の贈答に要した費用の額は、少額物品でない限り交際費等に該当します。

○　得意先に対し、販売奨励金等として支出される金銭であっても、その支出の効果が1年以上に及ぶと認められる場合には、その費用の額は繰延資産に該当することになります。

交際費等を他に分担させた場合

> 問　当社（卸売業）は、メーカーと共同で、得意先である小売業者を旅行に招待することにしましたが、旅行費用については当社が取りまとめ、メーカーがその費用の一部を負担することとしました。
>
> この場合、当社の交際費等の額は、旅行費用からメーカーの負担額を差し引いた額としても課税上問題ないでしょうか。

答　**メーカーから受け入れた金額は、貴社が支出する交際費等の額から控除することができます。**

解説　一般的に交際費等の額とは、接待、供応等のために支出したものをいい、その行為に伴って他から受け入れた金額があった場合でも、その受け入れた金額は支出した金額から控除することは認められません（いわゆる総額主義）。

しかし、例えば、メーカーが卸売業者とあらかじめ協議して、その卸売業者が小売業者を旅行、観劇等に招待する費用の一部又は全部を負担した場合は、その招待は卸売業者とメーカーとの共同行為であると考えられますので、この負担金はメーカーの交際費等に該当することになります（措通61の4(1)―15(4)括弧書、61の4(1)―15(5)、61の4(1)―23(1)）。

仕入先を紹介してもらった場合の仲介手数料

> 問　当社は情報機器製造業ですが、特定部品は常に品薄状態で、部品仕入れに苦労しています。そこで、その部品の製造会社の取引先であり、かつ当社の得意先の役員でもある有力者に仲介を依頼し、その部品について、優先的に仕入れることができるようになりました。
>
> このため、当社として、その有力者に手数料を支払う予定ですが、この手数料については、商品を仕入れるための直接的な費用として、部品の取得価額に含めることとしていますが、この場合でも交際費等に該当することとなるのでしょうか。

答　**交際費等に該当します。**

解説　法人が取引に関する情報提供等を業としていない者に対して情報提供等の対価として金品を交付するために要する費用は、原則として交際費等に該当することとなります。

本件手数料は取引の仲介を業としない者に支払うものであり、その支払うことがあらかじめ契約等により明らかにされているものでもないので、単なる取引仲介の謝礼又は取引をするための運動費である交際費等として取り扱われることになります（措通61の4(1)—8）。

従業員の慰安旅行に際してその家族を同伴した場合の費用

> **問** 当社は、家族慰安会として、従業員の全員とその家族を対象に日帰りの『潮干狩』を実施しました。
>
> この『潮干狩』に要した費用は、バスチャーター料、入漁料、昼食代（弁当及び茶菓子代）でしたが、社員の家族部分は交際費等に該当するのでしょうか。

答 福利厚生費として取り扱われ、交際費等に該当しません。

解説 専ら従業員のために行う運動会、演芸会、旅行等のために通常要する費用は、福利厚生費に該当します（措法61の4④一）。

運動会等は、従業員のみならず、その家族も含めて行われるのが一般的ですが、家族の参加費用も含めて運動会等のために通常要する費用は福利厚生費として取り扱われます。これは、従業員の家族が参加することにより、従業員に対する慰安の効果がより大きいといった理由からです。

得意先に対して支出する災害見舞金

> **問** 当社は地震で工場が全壊した取引先A社が、通常の営業活動を再開することができないことから、この度、災害見舞金を支出しました。
>
> この災害見舞金は、交際費として処理すべきでしょうか。

答 交際費等に該当しません。

解説 法人が被災前の取引関係の維持、回復を目的として、災害発生後相当期間内に、その被害を受けた取引先に対して行った災害見舞金の支出、又は事業用資産の供与若しくは役務の提供のために要した費用については、交際費等に該当しないものとして取り扱われます（措通61の4(1)—10の3）。

このような行為は、取引先への慰安、贈答に要する費用というよりは、むしろ、取引先の救済を通じて自ら被る損失を回避するための費用とみることができるからです。

「１人当たり5,000円以下」の計算

> 問 当社を含め３社で、接待等に類する行為を行い、飲食店に対し合計金額
> 60万円（参加者は、100名）を支出しましたが、当社は幹事会社ではありま
> せんでした。そこで、当社は、幹事会社に対し、その負担金として10万円を
> 支出しました（当社からの参加者は、30人）。
> 　その場合に、「１人当たり5,000円以下の飲食費」に該当するので交際費等
> として処理しなくてもよいでしょうか。

答 **交際費等に該当します。**

解説 飲食等のために要する費用の総額を当該飲食等に参加した者の数で除して
計算した金額が「１人当たり5,000円以下」（令和６年４月以降支出するものにつ
いては、１万円以下）であるときには、交際費等から除かれることとなります
（措法61の４④、措令37の５①）。

　ご質問の場合、御社が負担した金額は10万円ですが、総額が60万円、参加者の
数は100名であることから、「１人当たり6,000円」となるため、交際費等に該当
します。

　また、「１人当たり6,000円」である場合に、5,000円以下の金額は飲食費とし
て交際費等から除き、5,000円を超える部分のみを交際費等としてもよいかどう
かという疑問があると思いますが、その場合には、その費用の全額が交際費等に
該当することとなります（１人当たりの飲食費のうち5,000円相当額を控除する
という方式ではありません。）。

　なお、幹事会社から、飲食店に対して支出した総額の通知がなく、かつ、当該
飲食等に要する１人当たりの費用の金額がおおむね5,000円程度に止まると想定
される場合には、その負担した額をもって判定しても差し支えないこととしてい
ます（措通61の４(1)―23注書）。

租税公課は損金となるか

租税公課には損金になるものとならないものがあります（法38〜41、55③④）。

損金にならない租税公課

- 法人税、地方法人税
- 都道府県民税（利子割を含む）、市町村民税（都民税を含む）
- 所得税及び復興特別所得税のうち、法人税額から控除又は還付されるもの
- 外国税額控除の適用を受ける外国法人税額
- 延滞税、加算税

損金になる租税公課

- 利子税、納期限延長の場合の延滞金、消費税、地価税、地方消費税
- 事業税（特別法人事業税を含む）
- 自動車税、固定資産税　等

（注）　事業税の損金算入の時期
　　当該事業年度分の事業税の額は、当該事業年度の損金の額に算入できません。ただし、当該事業年度の事業税の中間申告に係る税額については、法人がその申告書を提出したときの損金の額に算入できます。

その他の費用

不正行為等による 費用等は損金となるか

隠蔽・仮装等のために要した費用又は賄賂等、法人が不正行為等に係る費用等の支出をした場合には、その費用等の額は損金の額に算入できません（法55）。

弊社をよろしく

　法人が支出する費用等のうち、次に掲げる不正行為等に係る費用等については、損金の額に算入されません。

①	法人税の負担を減少させる隠蔽仮装行為に要する費用の額又は隠蔽仮装行為により生ずる損失の額	
②	法人税以外の租税の負担を減少させる隠蔽仮装行為に要する費用の額又は隠蔽仮装行為により生ずる損失の額	
③	隠蔽仮装行為に基づき確定申告書（調査があったことにより決定があるべきことを予知して提出された期限後申告書を除きます。以下同じです。）を提出し、又は確定申告書を提出していなかった場合の、その事業年度の原価の額（資産の取得に直接に要した一定の額を除きます。）、費用の額及び損失の額のうち、その法人が保存する帳簿書類により明らかである金額以外の金額（注1）	
④	加算税等	イ　国税に係る延滞税、過少申告加算税、無申告加算税、不納付加算税及び重加算税並びに印紙税法の規定による過怠税
		ロ　地方税法に係る延滞金、過少申告加算金、不申告加算金及び重加算金
⑤	罰課金等	イ　罰金及び科料並びに過料
		ロ　国民生活安定緊急措置法の規定による課徴金及び延滞金
		ハ　私的独占の禁止及び公正取引の確保に関する法律の規定による課徴金及び延滞金
		ニ　金融商品取引法の規定による課徴金及び延滞金
		ホ　公認会計士法の規定による課徴金及び延滞金
		ヘ　不当景品類及び不当表示防止法の規定による課徴金及び延滞金
		ト　医薬品、医療機器等の品質、有効性及び安全性の確保等に関する法律の規定による課徴金及び延滞金

⑥	刑法第198条《贈賄》に規定する賄賂又は不正競争防止法第18条第1項《外国公務員等に対する不正の利益の供与等の禁止》に規定する金銭等（その供与に係る費用又は損失の額を含みます。）

(注)1 ③については、令和5年1月1日以後に開始する事業年度分について適用されます（令4改正法附則11三ロ）。

2 労働保険料の延滞金は、損金の額に算入されます。

違法駐車に係る交通反則金と徴収金

> 問 従業員が、業務中に、やむを得ず自動車を路上（駐車禁止区域）に駐車し、交通違反の摘発を受け、交通反則金のほか、車の移動料（レッカー車代）、駐車料金等の徴収金を支払うこととなり、その全額を会社が負担しました。
>
> これらの費用は、税務上どのように取り扱われますか。

答 **交通反則金は損金の額に算入されませんが、車の移動料、駐車料金等に係る徴収金は法人の経費となります。**

解説 法人が納付する罰金及び科料（通告処分による罰金又は科料に相当するものを含みます。）並びに過料は、法人の所得金額の計算上損金の額に算入されません。

また、法人の役員又は使用人に対して課された罰金、科料、過料又は交通反則金を法人が負担した場合において、その罰金等が法人の業務の遂行に関連してなされた行為等に対して課されたものであるときは、法人の損金の額に算入されず、業務遂行中以外のものであるときは、その役員又は使用人に対する給与となります（基通9—5—12）。

一方で、交通違反に伴い納付する徴収金は、車両の移動、保管、公示その他の措置に要した実費をその車両の運転者又は所有者等に負担させるものであるため、法55⑤一に掲げる罰科金等には該当しません。

そのため、法人の業務遂行中のものである等、法人がその徴収金を負担することに相当の理由があると認められるときは、損金の額に算入されます。

海外渡航費は損金となるか

役員又は使用人の海外渡航費のうち、その渡航が法人の業務の遂行上必要である場合に、その渡航に通常必要と認められる金額は旅費として損金の額に算入できます（基通9－7－6～10）。

海外渡航費の支出

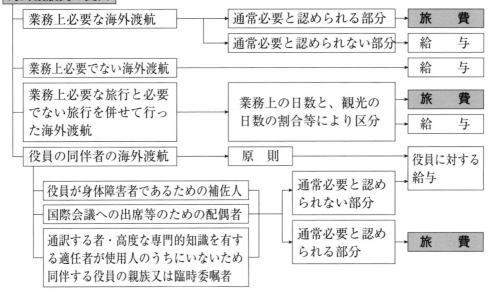

- 業務上必要な海外渡航
  - 通常必要と認められる部分 → **旅　費**
  - 通常必要と認められない部分 → 給　与
- 業務上必要でない海外渡航 → 給　与
- 業務上必要な旅行と必要でない旅行を併せて行った海外渡航
  - 業務上の日数と、観光の日数の割合等により区分 → **旅　費** / 給　与
- 役員の同伴者の海外渡航
  - 原　則 → 役員に対する給与
  - 役員が身体障害者であるための補佐人
  - 国際会議への出席等のための配偶者
  - 通訳する者・高度な専門的知識を有する適任者が使用人のうちにいないため同伴する役員の親族又は臨時委嘱者
    - 通常必要と認められない部分 → 役員に対する給与
    - 通常必要と認められる部分 → **旅　費**

ポイント

○　業務上必要であるかどうかは、旅行の目的、旅行先、経路、期間等を総合勘案して実質的に判定します。

○　原則として業務上必要な海外渡航でないと認められるもの

（1）　観光ビザの旅行

（2）　旅行業者等が行う団体旅行

（3）　同業者団体等が主催する団体旅行で、主として観光目的のもの

ゴルフ会員権等の費用はどうするか

ゴルフクラブ・社交団体に対して支出する入会金等は、その内容によって取扱いが異なります(基通9－7－11～15の4)。

1　ゴルフクラブ・レジャークラブへの支出は

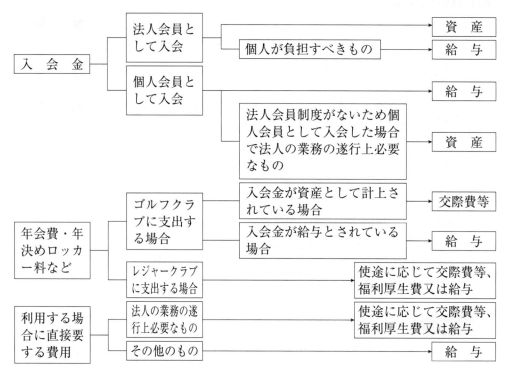

ポイント

○　資産に計上した入会金については償却できません。ただし、レジャークラブの入会金のうち、会員としての有効期間が定められており、かつ、その脱退に際して入会金相当額の返還を受けることができないものとされているものは、繰延資産として償却することができます。

○　上記により、役員に対する給与とされたものについて、「定期同額給与」に該当しない場合には、損金の額に算入されません（102ページ参照）。

2　社交団体への支出は

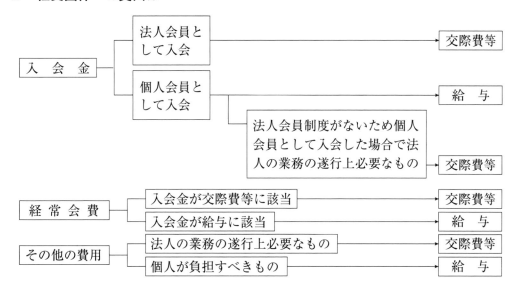

3　ロータリークラブ、ライオンズクラブへの支出は

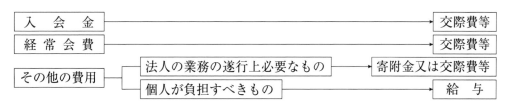

4　同業団体等への支出は

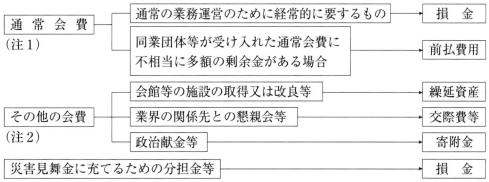

（注）1　通常会費として支出したものであっても、上記「その他の会費」の区分にあるような特別な支出に充てられた場合には、その他の会費と同様に取り扱います。

　　　2　その他の会費を支出した場合には、それが同業団体において支出されるまでの間は、前払費用として経理し、同業団体等が支出をした日に、その費途に応じて上記の区分により各科目に振り替えることになります。

その他の損失

評価損は 損金となるか

原則として資産の評価損は損金になりませんが、一定の事実があったときは損金になります（法33、令68〜68の3）。

1 物損等の事実が生じた場合の資産の評価損

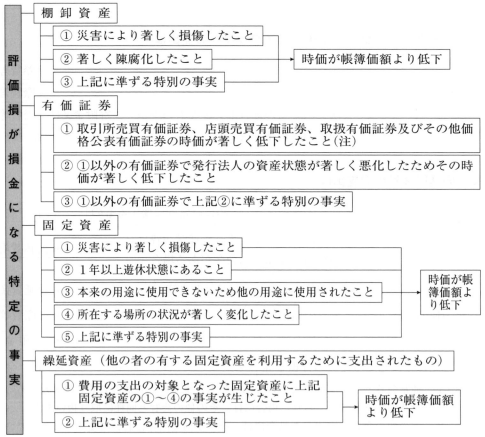

評価損が損金になる特定の事実

棚卸資産
① 災害により著しく損傷したこと
② 著しく陳腐化したこと
③ 上記に準ずる特別の事実
→ 時価が帳簿価額より低下

有価証券
① 取引所売買有価証券、店頭売買有価証券、取扱有価証券及びその他価格公表有価証券の時価が著しく低下したこと（注）
② ①以外の有価証券で発行法人の資産状態が著しく悪化したためその時価が著しく低下したこと
③ ①以外の有価証券で上記②に準ずる特別の事実

固定資産
① 災害により著しく損傷したこと
② 1年以上遊休状態にあること
③ 本来の用途に使用できないため他の用途に使用されたこと
④ 所在する場所の状況が著しく変化したこと
⑤ 上記に準ずる特別の事実
→ 時価が帳簿価額より低下

繰延資産（他の者の有する固定資産を利用するために支出されたもの）
① 費用の支出の対象となった固定資産に上記固定資産の①〜④の事実が生じたこと
② 上記に準ずる特別の事実
→ 時価が帳簿価額より低下

（注）　特殊関係株主等の持分が20％以上となる場合の、その特殊関係株主等が有するその法人の株式又は出資は含まれません。

2 法的整理など一定の事実が生じた場合の資産の評価損

法的整理など次に掲げる一定の事実

(1) 法的整理の事実（更生手続における評定が行われることに準じる特別の事実）

(2) 更生計画認可の決定

(3) 再生計画認可の決定

(4) 再生計画認可の決定に準ずる事実等

3 清算中法人等の株式等に係る評価損の損金不算入

法人がその法人との間に完全支配関係がある他の法人で次に掲げるものの株式又は出資を有する場合におけるその株式又は出資については、評価損の計上は認められません（法33⑤、令68の3）。

(1) 清算中の法人

(2) 解散（合併による解散を除きます。）をすることが見込まれる法人

(3) 完全支配関係がある他の法人を合併法人とする適格合併により解散することが見込まれるもの

棚卸資産の著しい陳腐化

> 問 当社は、婦人服の製造業を営んでいます。決算に当たり、棚卸資産のうち、前年に仕入れた生地が相当数売れ残りとなり、将来もその生地を使用した洋服の需要が望めないことから、評価損を計上したいと考えていますが、認められますか。

答 極めて流行性が高く、一定の時期に販売しなければ流行遅れとなり、今後、通常の価額では販売できなくなることが過去の実績等から明らかな場合には、評価損の計上が認められます。

解説 棚卸資産について、評価損の計上ができる場合の事実として「棚卸資産が著しく陳腐化したこと」が規定（令68①一ロ）されていますが、例えば、

① いわゆる季節商品で売れ残ったものについて、今後通常の価額では販売する

ことができないことが、既往の実績その他の事情に照らして明らかであること
②　その商品と用途の面ではおおむね同様のものであるが、型式、性能、品質等
　　が著しく異なる新製品が発売されたことにより、その商品につき今後通常の方
　　法により販売することができなくなったこと
などが、これに該当します（基通9－1－4）。

上場有価証券の著しい価額の低下

> 問　当社では、上場会社であるＡ社の株式1万株（簿価250円／株）を保有
> していますが、Ａ社の業績が不振なことから当期末時点では1株当たり115
> 円に値下がりし、Ａ社の業績も当分回復しそうにありません。
> 　この株式について、評価損の計上を考えていますが、認められますか。

答　ご質問の上場有価証券がいわゆる企業支配株式（令119の2②ニに掲げる株
式）以外のものであれば、評価損の計上は認められます。

解説　いわゆる企業支配株式以外の上場有価証券について評価損が計上できる場
合の事実として「その価額が著しく低下したこと」が規定（令68①ニイ）されて
いますが、この「価額が著しく低下したこと」とは、その有価証券のその事業年
度終了の時における価額がその時の帳簿価額のおおむね50％相当額を下回ること
となり、かつ、近い将来その価額の回復が見込まれないことをいうものとされて
います（基通9－1－7）。

売掛金が回収できなくなったら

法人が有する金銭債権のうち、回収不能になったものは貸倒損失として損金の額に算入できます（基通9－6－1～3）。

1 無条件で損金になるもの（法的に貸金等の全部又は一部が消滅するもの）

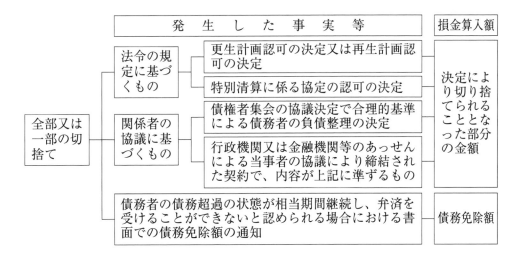

発 生 し た 事 実 等		損金算入額
法令の規定に基づくもの	更生計画認可の決定又は再生計画認可の決定	決定により切り捨てられることとなった部分の金額
	特別清算に係る協定の認可の決定	
関係者の協議に基づくもの	債権者集会の協議決定で合理的基準による債務者の負債整理の決定	
	行政機関又は金融機関等のあっせんによる当事者の協議により締結された契約で、内容が上記に準ずるもの	
	債務者の債務超過の状態が相当期間継続し、弁済を受けることができないと認められる場合における書面での債務免除額の通知	債務免除額

（「全部又は一部の切捨て」が左端の項目）

2 損金経理が要件となるもの（法的には貸金等が存続するもの）

事実上の貸倒れ	債務者の資産状況、支払能力等からみて全額が回収できないことが明らかとなったこと（担保物のある場合を除きます。）	金銭債権の全額
形式上の貸倒れ	取引停止後1年以上経過したもの（担保物のある場合を除きます。）	売掛債権の額から備忘価額を控除した金額
	同一地域の債務者に対する売掛債権の総額が取立費用に満たない場合において督促しても弁済がないこと	

取引停止に伴う債権放棄

> 問　当社は、下請先（当社と特殊関係なし。）との間の取引をやめるに当たり、その有する債権（有償支給材相当額）の一部を放棄する契約を締結し、これを貸倒損失として計上したいと考えています。
>
> 　下請先の資産状況等からみて当社の債権が回収不能とは認められませんが、貸倒損失として経理した場合、下請先に対する寄附金として処理しなければならないでしょうか。
>
> 　なお、その下請先と取引をやめたのは、取引価額について最終的に合意が得られなかったためであり、取引停止の条件として、取引基本契約に基づき債権放棄をすることとしました。

答　雑損失等として損金算入が認められる場合があります。

解説　一般的に、特殊な関係がない者の間で行われる取引は正常なものと推定されますが、債権放棄に合理的な理由がない場合は、寄附金とみなされる場合があります。

　本件の場合、当初から取引基本契約において、取引停止をするときの条件として債権の一部放棄を取り決めされていたものであり、取引の停止に伴う損害賠償金の支払に代えて債権を放棄するものであるとも考えられます。

法的に消滅した債権の貸倒処理

> 問　当社は、A社に対する債権として1,000万円を資産に計上していますが、その内容を精査したところ、10年前に会社更生法の規定による債権の切捨てがあって法律上消滅していることが判明しました。
>
> 　この債権について、当期に貸倒処理をすることができるでしょうか。

答　当期の貸倒損失として処理することはできません。

解説　法律的に消滅した債権については、その消滅した日の属する事業年度以外の事業年度において損金の額に算入することは認められていません（基通9―6―1）。

　ご質問の場合、10年前の切捨てであるとのことですので、更正期間を徒過しており、実務的には利益積立金の減少として処理することになります。

役員の個人的動機に基づく貸付金の貸倒れ

> 問　当社は、代表者の兄が代表取締役を務めるＢ社に対し、取引等を行ってはいないものの無担保で数回にわたって金銭を貸し付けていましたが、当期にＢ社が倒産したため、未回収額8,000万円が回収不能となってしまいました。
>
> 　そこで、当社は、当期において、Ｂ社の債務状況、資力等から全額回収不能であるとして貸倒損失8,000万円を計上したいと考えていますが、課税上問題ないでしょうか。
>
> 　なお、当社とＢ社の間には、資本関係はありません。

答　**貸倒損失を計上した場合には、貴社が代表者に対して求償権等の債権を取得することになります。**

解説　その貸付けが法人としての行為なのか、特定の役員としての行為なのかが問題となりますが、この点、貴社はＢ社との間に資本関係や取引関係がなく、また無担保で貸付けを行ったことは、貴社の業務として行われたとは認められず、その実質は代表者の個人としての地位に基づいて行われたものと認められます。

　したがって、貴社は代表者に対する求償権等の債権（事情によっては損害賠償請求権）を有することになります。

保証人がいる場合の貸金の貸倒れ

> 問　金銭債権につき、その債務者の資産状況、支払能力等からみてその全額が回収できないことが明らかになった場合には、担保物を処分した後に貸倒損失とすることができる（基通９―６―２）としていますが、連帯保証人がいる場合には、その連帯保証人についても回収不能かどうかの判断をしなければならないのでしょうか。

答　**連帯保証人についても、回収不能かどうか判断する必要があります。**

解説　金銭債権について連帯保証人がいる場合には、その連帯保証人は、その債務の返済に関しては債務者と同等の立場にあります。

　したがって、単に債務者についてだけでなく、その連帯保証人に関しても資産状況、支払能力等からみて回収不能かどうかの判断をすることになります。

貸倒損失とした売掛債権について債務引受けがあった場合

> 問 当社では、取引先であったＳ社に対する売掛債権について、法人税基本通達９—６—３(1)《一定期間取引停止後弁済がない場合等の貸倒れ》により、前期に備忘価額１円を残して貸倒損失を計上しました。
>
> この債権について、当期にＳ社の親会社が債務引受けをすることになりました。この場合、前期に計上した貸倒損失について、修正する必要があるでしょうか。

答 **修正の必要はありません。**

解説 いったん貸倒損失として計上した後に、後発的な理由により、その債権について弁済を受けるときには、実際に弁済を受けるまでは修正経理を行わず、弁済を受けたときに「償却債権取立益」として益金の額に算入することとなります（法22④）。

損害賠償金の支出は 損金となるか

役員又は使用人が交通事故などによって他人に損害を与え、法人が損害賠償金を支出した場合、給与となることがあります（基通9－7－16～18）。

対象となった行為が業務の遂行に関連するもの

　故意又は重過失に基づかないもの ──→ 給与以外の損金

　故意又は重過失に基づくもの ──┐

　　　　　　　　　　　　　　　　├─→ 役員・使用人に対する債権

対象となった行為が業務の遂行に関連しないもの ──┘

ポイント

○　役員・使用人に対する債権となる場合であっても、支払能力等からみて債権を求償できない状況にあるときは、損金経理により貸倒れ又はその損害賠償金相当額を債権として計上しないまま損金とすることができます。

　しかし、支払能力等からみて回収が確実であるのに貸倒れ等としたときには、その者に対する給与となります。

○　自動車による人身事故に起因して損害賠償金を示談成立前に支出した場合でも支出した時の損金となりますが、この場合には、損害賠償金に相当する受取保険金を益金の額に算入する必要があります。

グループ法人税制とは
どんな制度か

企業グループを対象とした法制度や会計制度が定着しつつある中、実態に即した課税を実現するための制度です。

1　グループ法人税制とは

　グループ法人税制は、連結納税制度（グループ通算制度）を適用するもの以外のものについて、現行の単体課税の下で、所得通算までは行わない一方、グループ内取引等のグループ経営の実態を反映させる制度です（グループ法人単体課税制度）。

　なお、グループ法人単体課税制度と連結納税制度（グループ通算制度）は、次表のとおり共通又は相違しています。

〈グループ法人単体課税制度と連結納税制度（グループ通算制度）〉

	グループ法人 単体課税制度	連結納税制度	グループ通算制度
グループ内取引	グループ外への移転等の時まで損益を繰延べ		
納税主体	それぞれの法人が主体	連結グループで1つの主体	それぞれの法人が主体
所得通算	行わない	行う	行う
税制の適用	強制適用	任意（選択）適用	任意（選択）適用

2　適用対象法人

　100％グループ内の関係（完全支配関係）のある法人を対象とします。

完全支配関係とは、一の者が法人の発行済株式若しくは出資（自己の株式又は出資を除きます。）の全部を直接若しくは間接に保有する関係（当事者間の完全支配の関係）又は一の者との間に当事者間の完全支配の関係がある法人相互の関係をいいます（法2十二の七の六）。

《完全支配関係の例》

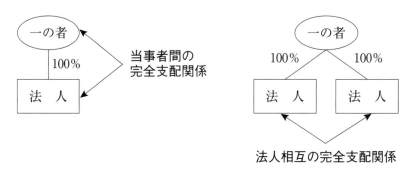

3　グループ法人税制の主な税制措置

グループ法人税制の主な税制措置は次のとおりです。

(1)　資産の譲渡取引等

完全支配関係がある法人の間で譲渡損益調整資産を譲渡した場合には、その譲渡損益調整資産に係る譲渡損益の計上を繰り延べ、譲受法人において譲渡等の事由が生じたとき又は譲渡法人と譲受法人との間で完全支配関係を有しないこととなったとき等にその繰り延べた譲渡損益の全部又は一部を取り戻すことになります（法61の11）。

(2)　寄附金の損金不算入、受贈益の益金不算入等

イ　寄附金の損金不算入

内国法人が各事業年度において完全支配関係（法人による完全支配関係に限ります。）がある他の内国法人に対して支出した寄附金の額は損金の額に算入されません（法37②）。

ロ　受贈益の益金不算入

上記イの寄附金を受けた法人においては、その寄附金の額に対応する受贈益の額は益金の額に算入されません（法25の2）。

ハ　親法人による株式の寄附修正

上記イ及びロの事由（以下「寄附修正事由」といいます。）が生ずる場合には、一定の金額が利益積立金額及び寄附修正事由が生じた時の直前の子法人の株式等の帳簿価額に加算されます（令9①七、119の3⑨、119の4）。

(3)　**現物分配**

内国法人が行う現物分配のうち、被現物分配法人がその現物分配の直前においてその内国法人との間に完全支配関係がある内国法人のみであるものを適格現物分配とし、また、完全子会社の株式のみが移転する株式分配のうち、完全子法人と現物分配法人とが独立して事業を行うためのものを適格株式分配とし、適格現物分配又は適格株式分配による資産の移転をした場合は、適格現物分配又は適格株式分配の直前の帳簿価額による譲渡をしたものとされます（法2十二の五の二、十二の十五、十二の十五の二、十二の十五の三、62の5③、令4の3⑯）。

すなわち、資産の移転に係る譲渡損益が計上されないことになります。

(4)　**受取配当等の益金不算入**

完全支配関係がある法人から受け取った配当等については、負債利子を控除せずに全額が益金不算入とされます（法23①④⑤）。

(5)　**発行法人への株式譲渡**

内国法人が、所有株式を発行した他の内国法人でその内国法人との間に完全支配関係があるものから、みなし配当の額が生ずる基因となる事由により金銭その他の資産の交付を受けた場合又はその事由により当該他の内国法人の株式を有しないこととなった場合には、その譲渡損益を計上しないこととされます（法61の2⑰）。

(6)　**大法人の子法人等に対する中小企業向け特例措置の不適用**

期末の資本金の額又は出資金の額が1億円以下の法人であっても、資本金の額又は出資金の額が5億円以上である法人との間にその法人による完全支配関係がある普通法人など一定の法人については次の中小企業向けの特例措置が認められません（法66⑤二三）。

① 年800万円以下の所得に対する軽減税率（法66②⑤、措法42の3の2①）

② 特定同族会社の特別税率の不適用（法67①）

③ 貸倒引当金の法定繰入率の適用（措法57の9①）

④ 交際費等の損金不算入額の計算における定額控除（措法61の4②）

⑤ 欠損金の繰戻しによる還付（法80①、措法66の12①一）

圧 縮 記 帳

土地等を交換した ときの課税は

土地等を交換したときは、取得した資産の取得価額を圧縮記帳すれば、譲渡資産の譲渡益に対する課税を繰り延べることができます（法50）。

1 圧縮記帳とは

　税法では、交換も一種の譲渡と考え譲渡利益（交換譲渡資産の価額（時価）から帳簿価額を控除した金額）については、原則として課税の対象となります。

　しかし、一定の条件に適合した資産の交換については、同一性が失われないとして、譲渡利益相当額の課税を行わないことになっています。

　つまり、設例のように譲渡益と圧縮損とを両建てで経理することにより、譲渡利益を課税の対象としないことができます。この方法は、交換により取得した固定資産の取得価額を譲渡利益部分だけ圧縮することから圧縮記帳と呼んでいます。

（設例）

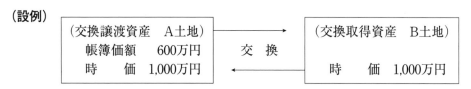

交換譲渡資産の譲渡利益

（交換譲渡資産の時価）　（交換譲渡資産の帳簿価額）　（譲渡利益）
　　　1,000万円　　　　−　　　　600万円　　　＝　400万円

〈仕訳〉　　　（借方）　　　　　　　　　　　（貸方）

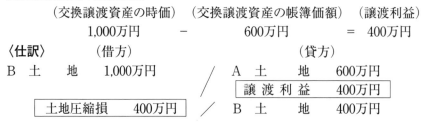

○　損害保険の保険金（法47）、国庫補助金（法42①）、工事負担金（法45）で
　　資産を取得した場合などにも圧縮記帳ができます。

○　圧縮記帳の適用を受けるためには、確定した決算において損金経理を行い、
　　確定申告書に損金算入に関する明細書を添付する必要があります。

2　資産を交換した場合の圧縮記帳の要件は

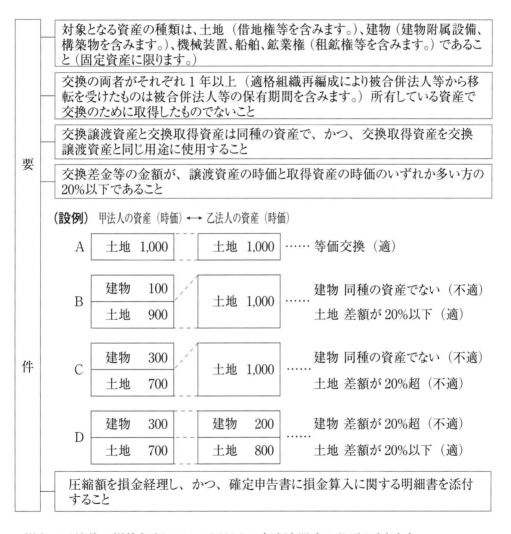

（注）　圧縮後の帳簿価額には、1円以上の価額を附する必要があります。

3 圧縮限度額の計算は

(1) **交換差金等がない場合**（令92①）

$$圧縮限度額 = 取得資産の価額 - \left(\begin{array}{c}譲渡資産の譲渡\\直前の帳簿価額\end{array} + 譲渡経費の額\right)$$

(2) **交換差金等を取得した場合**（令92②一）

$$圧縮限度額 = \begin{array}{c}取得資産\\の価額\end{array} - \left(\begin{array}{c}譲渡資産の\\譲渡直前の\\帳簿価額\end{array} + \begin{array}{c}譲渡経費\\の額\end{array}\right) \times \dfrac{取得資産の価額}{\begin{array}{c}取得資産\\の価額\end{array} + \begin{array}{c}交換差金\\等の額\end{array}}$$

(3) **交換差金等を支払った場合**（令92②二）

$$圧縮限度額 = \begin{array}{c}取得資産\\の価額\end{array} - \left(\begin{array}{c}譲渡資産の譲渡\\直前の帳簿価額\end{array} + \begin{array}{c}譲渡経費\\の額\end{array} + \begin{array}{c}交換差金\\等の額\end{array}\right)$$

収用等があった ときの課税は

公共事業の施行に伴って土地、建物など
の収用又は換地処分等があった場合には、
代替資産の圧縮記帳の特例又は譲渡益の
うち5,000万円までの所得の特別控除が
受けられます（措法64～65の2）。

1 収用換地等があったときの課税は

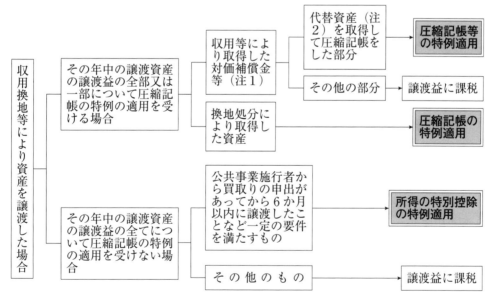

(注)1 対価補償金等とは…資産の収用の対価として交付を受ける補償金等をいい、原則
として「収益補償金」「経費補償金」「移転補償金」は、含ま
れません（措通64(2)―1）。

2 代替資産とは………原則として譲渡した資産と同種の資産又は権利ですが、事業
の用に供する減価償却資産、土地、借地権の場合も認められ
ます（措令39②～④）。

○　特別控除及び代替資産の圧縮記帳は、譲渡した事業年度に適用があります。
ただし、特別控除は、譲渡のあった年の1月1日から12月31日までで、
5,000万円が限度です（事業年度ごとに計算するのではなく、同一の年の合
計額で特別控除の限度額を計算します。）。

○　特別控除には、収用換地等の場合の5,000万円の特別控除（措法65の2）
のほか特定土地区画整理事業等の場合の2,000万円の特別控除（措法65の3）、
特定住宅地造成事業等の場合の1,500万円の特別控除（措法65の4）及び農
地保有合理化の場合の800万円の特別控除（措法65の5）があります。

　また、これらの特別控除のうち二以上を同一年において適用する場合であ
っても、特別控除額の合計額が5,000万円を超えることはできません（措法
65の6）。

○　特例の適用を受けるためには、確定申告書に明細書を添付し、収用証明書
を保存する必要があります。

○　確定した決算において、損金経理により代替資産の帳簿価額を減額し、又
はその帳簿価額を減額することに代えてその圧縮限度額以下の金額を当該事
業年度の確定した決算において積立金として積み立てる方法により経理する
必要があります。

2　圧縮限度額の計算は

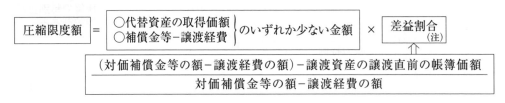

　　　(注)　差益割合は、小数点以下任意の位まで算出してかまいませんが、切り
　　　　　上げは認められません。

3 特別控除額の計算は

$$控除限度額 = どちらか少ない金額 \begin{cases} 譲渡益の額 \\ 5,000万円 \end{cases}$$

譲渡益の額 $\cdots \left(\dfrac{対価補償}{金等の額} - \dfrac{譲渡経}{費の額}\right) - \dfrac{譲渡資産の譲渡}{直前の帳簿価額}$

4 圧縮記帳したいが譲渡した事業年度内に代替資産を取得できないときは

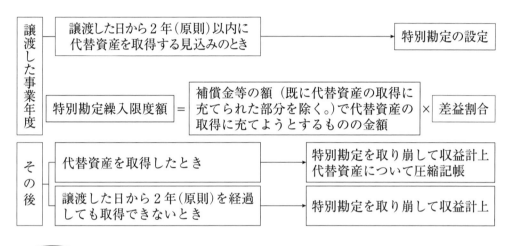

譲渡した事業年度

- 譲渡した日から2年(原則)以内に代替資産を取得する見込みのとき → 特別勘定の設定
- 特別勘定繰入限度額 = 補償金等の額(既に代替資産の取得に充てられた部分を除く。)で代替資産の取得に充てようとするものの金額 × 差益割合

その後

- 代替資産を取得したとき → 特別勘定を取り崩して収益計上 代替資産について圧縮記帳
- 譲渡した日から2年(原則)を経過しても取得できないとき → 特別勘定を取り崩して収益計上

ポイント

○ 収用に係る事業の全部又は一部が完了しないため、2年以内に代替資産を取得することが困難である場合には、所轄税務署長の確認を受けて、期間を延長することができます(措法64の2①、措令39㉓)。

圧縮記帳

土地等を買い換えたときの課税は

土地等の特定の資産を譲渡し、一定の期間内に減価償却資産等特定の資産を取得して事業の用に供する場合には、圧縮記帳ができます（措法65の7）。

1 特定の資産の買換えとは（代表的なもの）

（例）

（譲渡資産）	（買換資産）
国内にある土地等、建物又は構築物で、取得した日から引き続き10年超所有されたもの	○国内にある土地等、建物、構築物

ポイント

○ 買換資産が土地の場合には、原則として、譲渡した土地の面積の5倍以内という制限があります（措法65の7②、措令39の7⑧）。

○ 棚卸資産については、適用できません。

○ 譲渡資産を譲渡した日を含む事業年度開始の日前1年以内に取得した資産（先行取得資産）で、取得してから1年以内に事業の用に供した資産を買換資産として圧縮記帳をすることもできます。この場合には、所定の届出書を所轄税務署長へ提出しておくことが必要です（措法65の7③、措令39の7⑩）。

2 適用の要件は

適用要件	原則として令和8年3月31日までの間に特定の資産（棚卸資産を除きます。）を譲渡し、譲渡した事業年度に特定の資産を取得すること
	買換資産取得の日から1年以内に事業の用に供しているか、又は1年以内に事業の用に供する見込みであること
	確定した決算において、損金経理により買換資産の帳簿価額を減額し、又はその帳簿価額を減額することに代えてその圧縮限度額以下の金額を当該事業年度の確定した決算において積立金として積み立てる方法により経理していること
	確定申告書等に圧縮限度額の計算に関する明細書等を添付すること
	譲渡資産を譲渡した日と買換資産を取得した日が同一事業年度内の場合には、譲渡資産の譲渡の日と買換資産の取得の日のどちらか早い日を含むその事業年度の四半期の末日から2月以内に本特例の適用を受ける旨等の届出をしていること（注）

（注）　令和6年4月1日以後に譲渡資産の譲渡をし、同日以後に買換資産の取得をする場合において本特例の適用を受ける資産について適用されます。

3 圧縮限度額の計算は

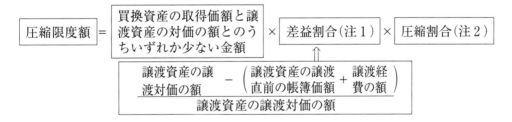

（注）1　差益割合は、小数点以下任意の位まで算出してかまいませんが、切り上げは認められません。

　　　2　圧縮割合は、譲渡資産と買換え資産の組合せにより、次のとおりとなります。

買換資産 / 譲渡資産		集中地域以外の地域		東京都特別区以外の集中地域	東京都特別区	
		本店資産以外	本店資産		本店資産以外	本店資産
集中地域以外の地域	本店資産以外			75	70	
	本店資産					60
東京都特別区以外の集中地域				80		
東京都特別区	本店資産以外					
	本店資産		90			

(参考) 集中地域：既成市街地等及び首都圏整備法の近郊整備地帯

既成市街地等：東京都特別区・武蔵野（全域）、三鷹・横浜・川崎・川口（一部）

大阪市（全域）、守口・東大阪・堺・京都市・神戸・尼崎・西宮・芦屋（一部）

名古屋（一部）

近郊整備地帯：東京都・埼玉県・千葉県・神奈川県・茨城県（一部）

※ 上記圧縮割合は、法人が令和５年４月１日以後に譲渡資産の譲渡をして、同日以後に買換資産の取得をする場合のその買換資産及びその買換資産に係る特別勘定又は期中特別勘定について適用し、法人が同日前に譲渡資産の譲渡をした場合における同日前に取得をした買換資産又は同日以後に取得をする買換資産及びこれらの買換資産に係る特別勘定又は期中特別勘定並びに法人が同日以後に譲渡資産の譲渡をする場合における同日前に取得をした買換資産については、従前どおりとされています（令５改正法附則46②）。

4 譲渡した事業年度内に買換資産を取得できないときは

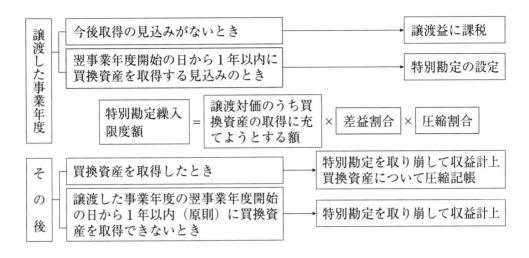

ポイント

○ 工場建設等のための宅地造成や建物等の建設移転等に要する期間が1年を超えること等やむを得ない事情がある場合には、所轄税務署長に申請し、翌事業年度開始の日から3年以内の所轄税務署長が認定した日まで、取得指定期間を延長することができます。

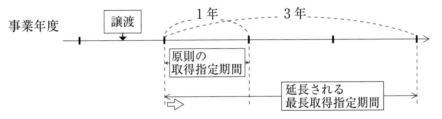

※ 翌事業年度開始の日から2か月以内に延長の申請をすることが必要です。

貸倒見込額は損金にできるか

金銭債権について将来発生することが予測される貸倒れによる損失の見込額として、損金経理により貸倒引当金に繰り入れた金額は、一定額を限度として損金の額に算入できます（法52、措法57の9）。

1 適用法人と対象金銭債権

適用法人及び対象となる金銭債権は次のとおりです（法52①②⑨、令96④⑤⑨）。

適 用 法 人	対象となる金銭債権
① 期末資本金の額（出資金の額）が1億円以下である普通法人（注1）	金銭債権
② 資本又は出資を有しない普通法人	
③ 公益法人等又は協同組合等	
④ 人格のない社団等	
⑤ 銀行法第2条第1項に規定する銀行	
⑥ 保険業法第2条第2項に規定する保険会社	
⑦ 上記⑤又は⑥に準ずる一定の法人	
⑧ 金融に関する取引に係る金銭債権を有する一定の法人	一定の債権（注2）

（注）1 資本金が5億円以上である法人等の100％子会社及び完全支配関係がある複数の大法人に発行済株式等の全部を保有されている法人を除きます。

2 上記⑧「金融に関する取引に係る金銭債権を有する一定の法人」の区分及び貸倒引当金の繰入れの対象となる金銭債権は以下のとおりです。

適　用　法　人		対象となる金銭債権
イ	法第64条の２第１項の規定により同項に規定するリース資産の売買があったものとされる場合のリース資産の対価の額に係る金銭債権を有する内国法人	左記の金銭債権
ロ	金融商品取引法第２条第９項に規定する金融商品取引業者（同法第28条第１項に規定する第一種金融商品取引業を行うものに限ります。）に該当する内国法人	左記の内国法人が行う金融商品取引法第35条第１項第２号に掲げる行為に係る金銭債権
ハ	質屋営業法第１条第２項に規定する質屋である内国法人	質屋営業法第13条の帳簿に記載された質契約に係る金銭債権
ニ	割賦販売法第31条に規定する登録包括信用購入あっせん業者又は同法第35条の２の３第１項に規定する登録少額包括信用購入あっせん業者に該当する内国法人	割賦販売法第35条の３の56の規定により同法第35条の３の43第１項第６号に規定する基礎特定信用情報として同法第30条の２第３項に規定する指定信用情報機関に提供された同法第35条の３の56第１項第３号に規定する債務に係る金銭債権
ホ	割賦販売法第35条の３の23に規定する登録個別信用購入あっせん業者に該当する内国法人	
ヘ	次に掲げる内国法人 ①　銀行法第２条第１項に規定する銀行の同条第８項に規定する子会社である同法第16条の２第１項第11号に掲げる会社のうち同法第10条第２項第５号に掲げる業務を営む内国法人 ②　保険業法第２条第２項に規定する保険会社の同条第12項に規定する子会社である同法第106条第１項第12号に掲げる会社のうち同法第98条第１項第４号に掲げる業務を営む内国法人 ③　①又は②の会社に準ずるものとして規第25条の４の２各号に掲げる会社のうち①又は②の業務に準ずる業務として当該各号に掲げる会社の区分に応じ当該各号に定める業務を営む内国法人	商業、工業、サービス業その他の事業を行う者から買い取った金銭債権（トにおいて「買取債権」といいます。）で左記の内国法人の①から③までに掲げる区分に応じそれぞれ①から③までに規定する業務として買い取ったもの
ト	貸金業法第２条第２項に規定する貸金業者に該当する内国法人	①　貸金業法第19条の帳簿に記載された同法第２条第３項に規定する貸付けの契約に係る金銭債権 ②　買取債権
チ	信用保証業を行う内国法人	左記の内国法人の行う信用保証業に係る保証債務を履行したことにより取得した金銭債権

2 繰入限度額の計算は（法52）

繰入限度額 ＝	① 個別評価する金銭債権についての回収不能見込合計額	＋	② 一括評価による金額	

3 個別評価する金銭債権について回収不能が見込まれる金額は（令96①、規25の2、25の3）

　　個別評価する金銭債権について回収不能が見込まれる金額とは、次の発生した事実に対応する繰入限度額をいいます。

発　生　し　た　事　実	繰入限度額
イ　会社更生法等の規定による更生計画認可の決定	・弁済を猶予された金額 ・賦払いにより弁済される金銭債権のうちその事実が生じた事業年度終了の日の翌日から5年以内に弁済されることとなっている金額以外の金額
ロ　民事再生法の規定による再生計画認可の決定	
ハ　会社法の規定による特別清算に係る協定の認可の決定	
ニ　イからハに掲げる事実に準ずる事由	
ホ　債務超過の状態が相当期間継続し、かつ、事業好転の見込みがない場合（注）	回収の見込みがないと認められる金額
ヘ　災害、経済事情の急変等により、多大な損害を蒙った場合	
ト　ホ及びへに掲げる事実に準ずる事由が生じた場合	
チ　会社更生法等の規定による更生手続開始の申立てがあったこと	当該金銭債権の50％相当額
リ　民事再生法の規定による再生手続開始の申立てがあったこと	
ヌ　破産法の規定による破産手続開始の申立てがあったこと	
ル　会社法の規定による特別清算開始の申立てがあったこと	
ヲ　手形交換所による取引停止処分	
ワ　電子記録債権法第2条第2項に規定する電子債権記録機関（規25の3②イ及びロに規定する一定の要件を満たすもの）による取引停止処分	

　（注）　「相当期間」については、「おおむね1年以上」とし、その債務超過に至った事情と事業好転の見通しをみて判定します（基通11—2—6）。

　　対象となる金銭債権の額は、次の金額を控除した後の金額です。

　（1）　債務者から受け入れた金額（買掛金・未払金等）

　（2）　担保されている部分の金額（質権・抵当権・金融機関の保証等）

　（3）　債務者から受け取った第三者振出の手形の金額に相当する金額

4　一括評価による金額は（法52②、令96⑥、基通11―2―16、11―2―18〜20）

⑴　本　則

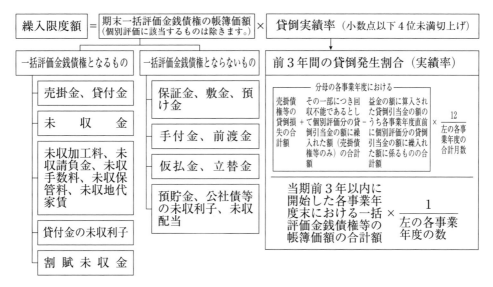

⑵　中小法人等の特例（措法57の9①、措令33の7②④）

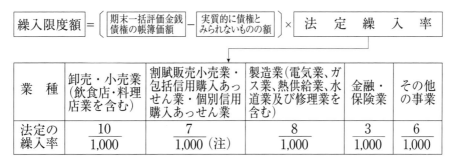

業　種	卸売・小売業（飲食店・料理店業を含む）	割賦販売小売業・包括信用購入あっせん業・個別信用購入あっせん業	製造業（電気業、ガス業、熱供給業、水道業及び修理業を含む）	金融・保険業	その他の事業
法定の繰入率	$\frac{10}{1,000}$	$\frac{7}{1,000}$（注）	$\frac{8}{1,000}$	$\frac{3}{1,000}$	$\frac{6}{1,000}$

(注)　令和3年4月1日前に開始した事業年度については、$\frac{13}{1000}$となります（令3改正措令附則16）。

　　中小法人等とは、資本金が1億円超の普通法人、資本金が5億円以上の法人、相互会社又は受託法人による完全支配関係がある普通法人並びに保険業法に規定する相互会社及び外国相互会社を除く法人をいいます。

　　なお、二つ以上の事業を兼業しているときは、主たる事業の繰入率によります（措通57の9―4）。

　　また、平成27年4月1日に存在していた法人は金銭債権のうち実質的に債権と認められないものの金額の計算を次の簡便計算によることも認められま

す（措令33の7③）。

$$
\begin{array}{l}
\text{期末一括} \\
\text{評価金銭} \\
\text{債権の額}
\end{array}
\times
\dfrac{\begin{array}{l}\text{分母と同一の各事業年度における実質的}\\ \text{債権とみられない部分の金額の合計額}\end{array}}{\begin{array}{l}\text{平成27年4月1日から平成29年3月31日}\\ \text{までの間に開始した各事業年度終了の時}\\ \text{における一括評価金銭債権の額の合計額}\end{array}}
=
\begin{array}{l}\text{実質的に債権と}\\ \text{みられない金額}\end{array}
$$

※　分数の割合に小数点以下3位未満の端数があるときは、これを切り捨てます。

ポイント

○　損金の額に算入された金額は、翌期に取り崩して全額益金に戻し入れ（毎期洗い替え）ます（法52⑩）。

○　個別評価金銭債権に係る貸倒引当金の繰入限度額の計算と一括評価金銭債権に係る貸倒引当金の繰入限度額の計算は、それぞれ別に計算することとされていることから、例えば、個別評価金銭債権に係る貸倒引当金の繰入額に繰入限度超過額があり、他方、一括評価金銭債権に係る貸倒引当金の繰入額が繰入限度額に達していない場合であっても、この繰入限度超過額を一括評価金銭債権に係る貸倒引当金の繰入額として取り扱うことはできません（基通11—2—1の2）。

組織再編成

企業組織再編税制とは

組織再編税制は、資産等の移転が形式的かつ実質的な場合には譲渡損益を計上し、その移転が形式的なもので実質的に支配が継続している場合には、特例的に譲渡損益の計上を繰り延べる制度です（法62、62の9）。

1 組織再編成によって移転する資産の譲渡損益は

原　　則……移転資産等の全ての譲渡損益を計上（時価移転）

適格組織
再編成……移転資産等を帳簿価額で引継ぎ又は譲渡による譲渡損益の計上を繰延べ（簿価移転）

※　適格組織再編成とは「適格合併」・「適格分割」・「適格現物出資」・「適格現物分配」・「適格株式分配」・「適格株式交換等」・「適格株式移転」をいいます（法２十二の八ほか）。

2 適格組織再編成の要件

【適格合併・適格分割・適格現物出資・適格株式交換等・適格株式移転】

(1) 企業グループ内の組織再編成

　イ　株式等の全部を保有する関係である法人間で行う組織再編成で一定の要件を満たすもの

　ロ　株式等の50％超を保有する関係である法人間で行う組織再編成で一定の要件を満たすもの

(2) 共同事業を行うための組織再編成で一定の要件を満たすもの

(3) （適格分割型分割のみ）独立して事業を行う場合の組織再編成で一定の要件を満たすもの

※　金銭など、株式等以外の資産が交付された場合、原則として適格組織再編成とならず時価移転となります。

【適格現物分配】

　内国法人を現物分配法人・被現物分配法人とする現物分配で、現物分配法人と被現物分配法人との間にその現物分配の直前において完全支配関係があるなど一定の要件を満たす現物分配

【適格株式分配】

　完全子法人の株式のみが移転する株式分配で、完全子法人と現物分配法人とが独立して事業を行うための株式分配として一定の要件を満たすもの

■ ポイント

○　「適格組織再編成」に該当する場合には簿価移転となり、資産を時価移転しても法人税法では、譲渡損益はなかったものとして取り扱われます。

○　100％グループ内の内国法人間の組織再編成については、①非適格合併であっても一定の資産の移転による譲渡損益は、その資産の再移転時まで繰り延べることとなり（法61の11①）、②非適格株式交換又は非適格株式移転が行われた場合には時価評価損益を計上しないこととされています（法62の9①括弧書）。

組織再編成

租税回避の防止

繰越欠損金等を利用した租税回避行為の防止規定に加え、組織再編成に係る包括的な租税回避防止規定があります（法57、62の7、132の2、措法68の2の3）。

1 繰越青色欠損金の引継ぎは

適格合併については、繰越欠損金の引継ぎが原則として認められます。

しかし、再編成を利用して税負担を減らすような行為が考えられることから、次の(1)又は(2)のいずれにも該当しない場合には、合併法人等と被合併法人等の繰越欠損金額が制限されます（法57②③）。

(1) その適格合併が「共同で事業を営むものとして一定の要件」を満たす場合

(2) 次のいずれかの日のうち、最も遅い日から継続して「支配関係がある場合で一定の要件」に定める場合

 イ その適格合併の日の属する事業年度開始の日の5年前の日若しくはその残余財産確定の日の翌日の属する事業年度開始の日の5年前の日

 ロ 被合併法人等設立の日若しくは法人の設立の日

〔共同で事業を営むものとして一定の要件〕

「共同で事業を営むものとして一定の要件」とは、次の①から④までの要件又は①及び⑤の要件をいいます（令112③、規3、26）。

①	「被合併事業（被合併法人の営む主要な事業）」と「合併事業（合併法人の合併前に営む事業)」とが相互に関連性を有すること　　　　　　（事業関連性要件）
②	「被合併事業」と「被合併事業と関連する合併事業」のそれぞれの売上金額、従業者数や「被合併法人」と「合併法人」のそれぞれの資本金の額など規模の割合がおおむね5倍を超えないこと　　　　　　　　　　（事業規模要件）
③	「被合併事業」が最後に支配関係があることとなった時から合併の直前の時まで継続して営まれており、かつ、それぞれの時点での規模の割合（②と同じ指標）がおおむね2倍を超えないこと 　　　　　　　　　　　　　　　　　　　　　（被合併事業規模継続要件）
④	「被合併事業と関連する合併事業」が最後に支配関係があることとなった時から合併の直前の時まで継続して営まれており、かつ、それぞれの時点での規模（②と同じ指標）の割合がおおむね2倍を超えないこと 　　　　　　　　　　　　　　　　　　　　　（合併事業規模継続要件）
⑤	被合併法人の特定役員（社長、副社長、代表取締役、代表執行役、専務取締役又は常務取締役等）のいずれかの者（支配関係日前において被合併法人の役員等であった者に限ります。）と合併法人の合併の前における特定役員のいずれかの者（支配関係日前において合併法人の役員等であった者に限ります。）が合併後においても特定役員となることが見込まれていること 　　　　　　　　　　　　　　　　　　　　　　　（特定役員引継要件）

〔支配関係がある場合で一定の要件〕

「支配関係がある場合で一定の要件」とは、次の①と②のいずれかの要件をいいます（令112④）。

①	適格合併の日の属する事業年度開始の日又は残余財産の確定の日の翌日の属する事業年度開始の日の5年前の日から継続して支配関係がある場合
②	被合併法人等又は内国法人が5年前の日後に設立された法人である場合等で、被合併法人等の設立の日又は内国法人の設立の日のいずれか遅い日から継続して支配関係があるとき

ポイント

○　非適格合併や他の分割、現物出資、現物分配においては、青色欠損金の繰越控除（被合併法人等の未処理欠損金額の引継ぎ）は認められません。

2 含み損の取扱い

適格組織再編成により移転する資産及び負債は、その適格組織再編成に係る移転前の法人の帳簿価額で引き継ぐこととされましたが、これを奇貨とした資産の含み損の利用を目的とする租税回避を防止する観点から特定資産に係る譲渡損失額の損金不算入制度が設けられています（法62の7）。

3 軽課税国親法人三角合併等の適格性否認

三角合併等により内国法人がその経済実態や株主構成を変えずに、外国法人の子会社とすることが容易となることから、租税回避の手段に使用されないよう、内国法人が行う合併、分割、株式交換又は現物出資（以下「合併等」といいます。）が、一定の要件を満たす場合には、たとえ適格合併等の要件を満たす場合であっても非適格合併等として取り扱われます（措法68の2の3①～④）。

4 行為・計算の否認

税務署長は、法人の行為又は計算で「法人税の負担を不当に減少させる結果となると認められる」組織再編成については、その行為又は計算を否認することができることとされています（法132の2）。

海外取引

海外取引に係る税務上の取扱いはどうなるか

外貨建取引及び外貨建資産等の換算（法61の8～61の10、令122～122の11）・外国税額控除（法69）・外国子会社合算税制（措法66の6）・移転価格税制（措法66の4）・過少資本税制（措法66の5）・過大支払利子税制（措法66の5の2）などの規定があります。

1 外貨建取引及び外貨建資産等の換算

(1) 外貨建取引及び外貨建資産等の換算とは

日本の企業の財務諸表は、円表示を前提としており、外貨や外貨建の債権債務等を財務諸表等に表示する場合には、これを円表示の金額に換算する必要があります。

このように外国通貨で表示された外貨建取引及び外貨建資産等の金額を「円」表示の金額に換算することを「外貨建取引及び外貨建資産等の換算」といいます。

(2) 外貨建取引とは

外国通貨で支払が行われる資産の販売及び購入、役務の提供、金銭の貸付け及び借入れ、剰余金の配当その他の取引をいいます（法61の8①）。

(3) 外貨建資産等とは

外貨建債権及び外貨建債務、外貨建有価証券、外貨預金及び外国通貨をいいます（法61の9①）。

(4) 換算方法は

外貨建取引及び内国法人が事業年度終了の時において有する外貨建資産等の換算方法は、その区分により次表のとおり定められています。

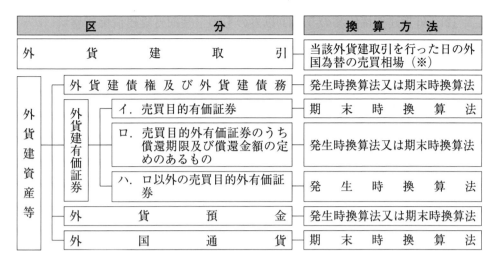

区　　　　　　　　　分			換　算　方　法
外　　貨　　建　　取　　引			当該外貨建取引を行った日の外国為替の売買相場（※）
外貨建資産等	外貨建債権及び外貨建債務		発生時換算法又は期末時換算法
	外貨建有価証券	イ．売買目的有価証券	期　末　時　換　算　法
		ロ．売買目的外有価証券のうち償還期限及び償還金額の定めのあるもの	発生時換算法又は期末時換算法
		ハ．ロ以外の売買目的外有価証券	発　生　時　換　算　法
	外　貨　預　金		発生時換算法又は期末時換算法
	外　国　通　貨		期　末　時　換　算　法

(注)1　発生時換算法……事業年度終了の時（以下「期末時」といいます。）において有する外貨建資産等について、その資産等の取得又は発生の基因となった外貨建取引の額を上記表の（※）の換算方法により換算した金額をもって期末時の円換算額とする方法

　　　2　期末時換算法……期末時において有する外貨建資産等について、その期末時における外国為替の売買相場により換算した金額をもって期末時の円換算額とする方法

ポイント

○　内国法人が事業年度終了の時において期末時換算法の適用対象となる外貨建資産等を有する場合には、その資産等を期末時換算法により換算した金額と当該事業年度終了の時におけるその資産等の帳簿価額との差額に相当する金額は、その事業年度における所得金額の計算上、益金の額又は損金の額に算入することになります。当該金額については、翌事業年度の所得金額の計算上、損金の額又は益金の額に算入（洗替え）することになります。

○　内国法人が事業年度終了の時において有する外貨建資産等の金額を円換算する場合の換算方法は、その外国通貨の種類ごとに、かつ、次に掲げる区分ごとに選定しなければなりません。

(1)　外貨建債権債務のうち支払又は受取の期日がその事業年度終了の日の翌日から1年を経過した日の前日までに到来するもの（短期外貨建債権債務）

(2)　外貨建債権債務のうち(1)以外のもの（長期外貨建債権債務）

(3)　表の外貨建有価証券ロのうち法人税法施行令119の2②（満期保有目的等有価証券の範囲）に掲げるものに該当するもの

(4)　表の外貨建有価証券ロのうち(3)以外のもの

(5)　外貨預金のうちその満期日が当該事業年度終了の日の翌日から1年を経過した日の前日までに到来するもの（短期外貨預金）

(6)　外貨預金のうち(5)以外のもの（長期外貨預金）

○　内国法人が外貨建資産等の取得等を行い、その資産等について選択できる換算方法が2つ以上ある場合は、その取得をした日の属する事業年度の確定申告書の提出期限までに、いずれか選択する方法を書面により納税地の所轄税務署長に届け出ることとされています。

○　届出がない場合、又は届け出た方法によって換算しなかった場合は次の方法によります。

①　上記(1)及び(5)……………期末時換算法

②　①以外の外貨建資産等……発生時換算法

2　外国税額控除

(1)　外国税額控除とは

　　日本の法人税法では内国法人について、その所得の源泉地が国内であるか、国外であるかを問わず、全ての所得の合計額（全世界所得）に課税することとしています。

　　一方で、その所得の源泉地が国外にある場合には、その源泉地国でも課税を受けていることがあります。そのため、源泉地が国外である所得については源泉地国と日本との双方で課税されることとなり、国際的二重課税が生じることとなります。この二重課税を排除する方法として、内国法人が納付することとなる外国法人税の額を我が国の法人税額等から控除する「外国税額控除」があります。

(2)　外国法人税とは

　　外国の法令に基づき、外国又はその地方公共団体により法人の所得を課税

標準として課される税をいいます。

(3) 外国法人税の範囲

具体的な外国法人税の範囲は次のとおりです（法69①、令141）。

外国で課される税	外国法人税に該当するもの	① 法人の所得を課税標準として課される税（例：我が国の法人税、所得税などに相当するもの）
		② 超過利潤税その他法人の所得の特定の部分を課税標準として課される税
		③ 法人の所得又はその特定部分を課税標準として課される税の附加税（例：我が国の法人住民税の法人税割に相当するもの）
		④ 法人の所得を課税標準として課される税と同一の税目に属する税で、法人の特定の所得について、徴税上の便宜のため、所得に代えて収入金額その他これに準ずるものを課税標準として課されるもの（例：利子、配当などについて収入金額を課税標準として源泉徴収される所得税（基通16—3—4））
		⑤ 法人の特定の所得について、所得を課税標準とする税に代えて、法人の収入金額その他これに準ずるものを課税標準として課される税（例：農産物税、石油会社税など）
	外国法人税に該当しないもの	① 納付後、任意にその納付額の全部又は一部の還付を請求することができる税
		② 税の納付が猶予される期間を、任意に定めることができる税
		③ 複数の税率の中から税の納付をすることとなる者と外国（その地方公共団体等）との合意により税率が決定された税（当該複数の税率のうち最も低い税率（当該最も低い税率が当該合意がないものとした場合に適用されるべき税率を上回る場合には当該適用されるべき税率）を上回る部分に限ります）
		④ 附帯税（我が国の延滞税、加算税など）に相当する税その他これに類する税

(4) 外国税額控除の対象とならない外国法人税の額

外国法人税のうち、①所得に対する負担が高率な部分の金額、②通常行われる取引と認められない取引にかかる外国法人税の額、③我が国で法人税の課税対象とならない金額に課される外国法人税の額などは、外国税額控除の対象から除外されます（法69①、令142の2）。

3　外国子会社合算税制

内国法人が10％以上の持株割合等を有する又は実質支配関係がある等の一定

の条件に該当する外国関係会社の所得については、その外国関係会社の活動内容・租税負担割合等に応じて算出した金額が、親会社である内国法人の収益の額とみなされて課税されます（措法66の6）。

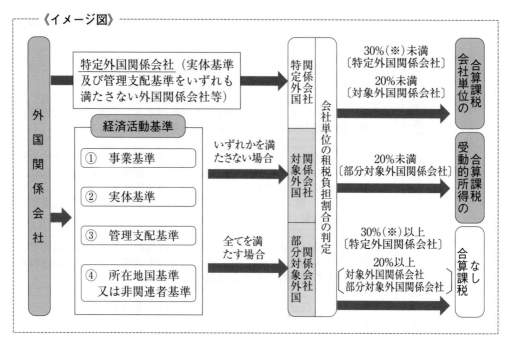

《イメージ図》

※　グローバル・ミニマム課税の導入に伴い、令和6年4月1日以後開始する事業年度においては、27％に引き下げられます。

(1)　外国関係会社

　　合算課税の対象となり得る外国関係会社は、次のいずれかに該当する外国法人です（措法66の6②一）。

イ　発行済株式等の50％超を居住者及び内国法人等が直接・間接に保有している外国法人

ロ　居住者及び内国法人等との間に実質支配関係がある外国法人

ハ　一定の外国金融機関

(2)　経済活動基準とは

判定に用いられる経済活動基準とは、次の①〜④の基準をいいます（措法66の6②三）。

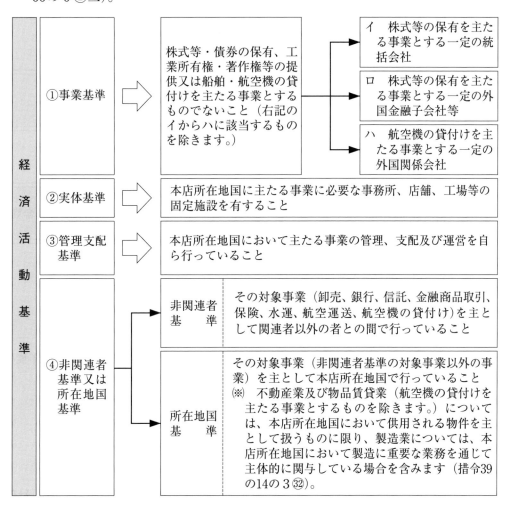

経済活動基準

①事業基準 ⇒	株式等・債券の保有、工業所有権・著作権等の提供又は船舶・航空機の貸付けを主たる事業とするものでないこと（右記のイからハに該当するものを除きます。）	→	イ　株式等の保有を主たる事業とする一定の統括会社
		→	ロ　株式等の保有を主たる事業とする一定の外国金融子会社等
		→	ハ　航空機の貸付けを主たる事業とする一定の外国関係会社

| ②実体基準 ⇒ | 本店所在地国に主たる事業に必要な事務所、店舗、工場等の固定施設を有すること |

| ③管理支配基準 ⇒ | 本店所在地国において主たる事業の管理、支配及び運営を自ら行っていること |

| ④非関連者基準又は所在地国基準 | → | 非関連者基準 | その対象事業（卸売、銀行、信託、金融商品取引、保険、水運、航空運送、航空機の貸付け)を主として関連者以外の者との間で行っていること |
| | → | 所在地国基準 | その対象事業（非関連者基準の対象事業以外の事業）を主として本店所在地国で行っていること
※　不動産業及び物品賃貸業（航空機の貸付けを主たる事業とするものを除きます。）については、本店所在地国において供用される物件を主として扱うものに限り、製造業については、本店所在地国において製造に重要な業務を通じて主体的に関与している場合を含みます（措令39の14の3㉜）。 |

(3)　合算課税の対象となる外国関係会社とは

合算課税の対象となる外国関係会社の区分等については、次のとおりです。

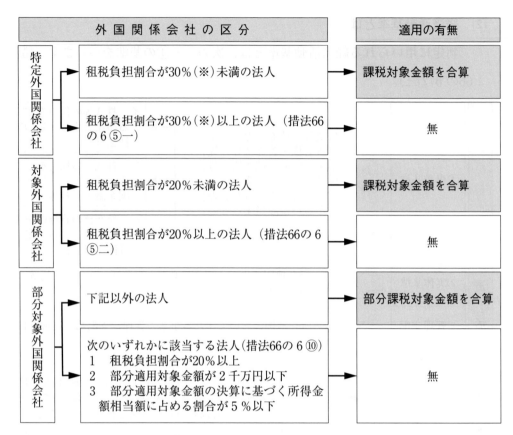

外 国 関 係 会 社 の 区 分		適用の有無
特定外国関係会社	租税負担割合が30％（※）未満の法人	課税対象金額を合算
	租税負担割合が30％（※）以上の法人（措法66の6⑤一）	無
対象外国関係会社	租税負担割合が20％未満の法人	課税対象金額を合算
	租税負担割合が20％以上の法人（措法66の6⑤二）	無
部分対象外国関係会社	下記以外の法人	部分課税対象金額を合算
	次のいずれかに該当する法人（措法66の6⑩） 1　租税負担割合が20％以上 2　部分適用対象金額が2千万円以下 3　部分適用対象金額の決算に基づく所得金額相当額に占める割合が5％以下	無

※　グローバル・ミニマム課税の導入に伴い、令和6年4月1日以後開始する事業年度においては、27％に引き下げられます。

4　移転価格税制

(1)　移転価格税制とは

　　内国法人と特殊の関係にある外国法人（国外関連者）との間の取引の対価の額が、通常第三者間で行われる場合の一般の取引価格（独立企業間価格）と異なることにより、内国法人の所得の金額が減少することとなる場合（①国外関連者から支払を受ける対価の額が独立企業間価格に満たない場合、②国外関連者に支払う対価の額が独立企業間価格を超える場合）には、国外関連者との取引を独立企業間価格で行ったものとして、各事業年度の所得の金額を計算します。

例：

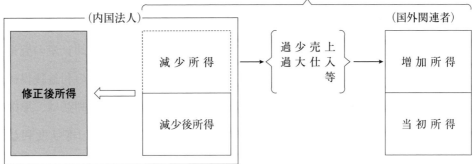

(2) 国外関連者とは

国外関連者とは、取引を行う内国法人と外国法人のいずれか一方の法人が、他方の法人の発行済株式又は出資の総数又は総額の50％以上の数又は金額の株式又は出資を直接又は間接に保有するなど、資本関係の強い外国法人、又は、人的なつながりや取引依存度、事業活動資金依存度などから判断して実質的に支配関係にある外国法人をいいます（措法66の4①、措令39の12①）。

(3) 独立企業間価格とは

独立企業間価格とは、国外関連者間での取引が独立の事業者の間で通常の取引の条件に従って行われるとした場合に成立すると認められる価格のことであり、次の方法のうち、取引内容に応じた最も適切な方法により計算します。

イ　独立価格比準法（CUP法）

国外関連取引の棚卸資産と同種の棚卸資産について、非関連者との間で、取引段階、取引数量等が同様の状況の下で取引された際の価格を独立企業間価格とする方法

ロ　再販売価格基準法（RP法）

国外関連取引に係る棚卸資産の買い手が非関連者に対してその棚卸資産を販売する場合に、その対価の額（再販売価格）から通常の利潤の額を控除した金額を独立企業間価格とする方法

ハ　原価基準法（CP法）

国外関連取引に係る棚卸資産の売り手の購入、製造その他の行為による取得原価の額に、通常の利潤の額を加算した金額を独立企業間価格とする

方法

ニ　利益分割法（PS法）

　　法人及び国外関連者が、国外関連取引の対象である棚卸資産の製造、販売等から得た両者の利益を合算し、当該合算利益を双方の利益獲得に対する貢献度合いに応じて分割する方法。分割の対象とする利益は、原則として営業利益であり、3つの分割方法（比較利益分割法・寄与度利益分割法・残余利益分割法）がある。

ホ　取引単位営業利益法（TNMM）

　　国外関連取引と同種又は類似の棚卸資産を扱った比較対象取引に係る営業利益を用いて独立企業間価格を算定する方法。売上高営業利益率を用いる方法、総費用営業利益率を用いる方法、営業費用売上総利益率（いわゆる「ベリー比」）を用いる方法がある。

ヘ　ディスカウント・キャッシュ・フロー法（DCF法）

　　予測期間、予測収益、割引率から算出される予測利益の割引現在価値の合計額を、独立企業間価格とする方法

ト　上記に準ずる方法

5　過少資本税制

　　法人税の課税所得を計算する場合、出資に対する配当は損金の額に算入されませんが、借入に対する支払利子は損金の額に算入されるため、法人が外国株主から必要な資金を調達するに当たって、出資に代えて借入れを多くすることによって、税負担を軽減することができます。

　　この過少資本の問題に対応するため、外国親会社等の資本持分の一定倍率（原則として3倍）を超える負債の平均残高に対応する支払利子の損金算入を認めないこととする措置が講じられています（措法66の5）。

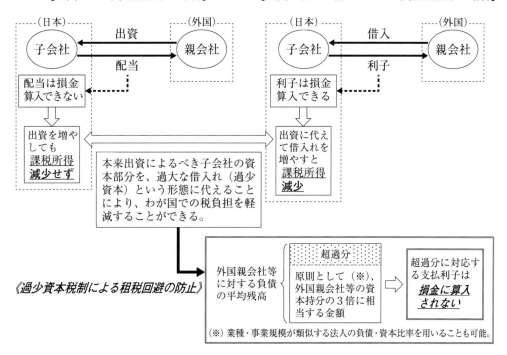

【出資により資金調達する場合】　　　【出資に代えて借入れにより資金調達する場合】

6　過大支払利子税制

　企業の所得の計算上、支払利子が損金に算入されることを利用して、過大な支払利子を損金に計上することで、税負担を圧縮することが可能です。

　過大支払利子税制は、所得金額に比して過大な利子を支払うことを通じた租税回避を防止するため、対象純支払利子等の額（注１）のうち調整所得金額の一定割合（20％）を超える部分の金額につき当期の損金の額に算入しないこととする制度です（措法66の５の２）。

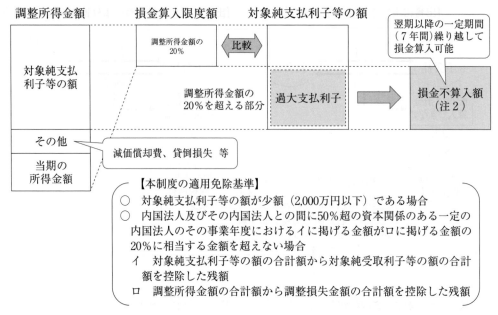

【本制度の適用免除基準】
○ 対象純支払利子等の額が少額（2,000万円以下）である場合
○ 内国法人及びその内国法人との間に50％超の資本関係のある一定の内国法人のその事業年度におけるイに掲げる金額がロに掲げる金額の20％に相当する金額を超えない場合
　イ　対象純支払利子等の額の合計額から対象純受取利子等の額の合計額を控除した残額
　ロ　調整所得金額の合計額から調整損失金額の合計額を控除した残額

(注) 1　対象純支払利子等の額の合計額からこれに対応する受取利子等の額の合計額を控除した残額をいう。対象純支払利子等の額とは、支払利子等の額のうち対象外支払利子等の額（その支払利子等を受ける者の課税対象所得に含まれる支払利子等の額等）以外の金額をいう。

　　　2　グループ通算制度においては、適用免除基準のうち金額基準につきグループ全体で判定を行う点を除き、基本的に単体納税と同様の取扱いとなる。

●ポイント

　法人税の国際的な引下げ競争に歯止めをかけ、税制面における企業間の公平な競争条件を確保するために、2021年10月にOECD/G20の「BEPS包括的枠組み」において、グローバル・ミニマム課税について国際合意が行われました。

　このグローバル・ミニマム課税のルールのうち、所得合意ルールに係る法制化として各対象会計年度の国際最低課税額に対する法人税が、令和5年度税制改正において創設されています。

外国法人への課税

外国法人に対する課税は どうなるか

外国法人に対する課税は、国内に支店等の事業拠点（恒久的施設）があるかないかで異なります。

1 恒久的施設（PE）

(1) 支店等

外国法人の国内にある支店、工場その他事業を行う一定の場所（法2十二の十九イ）

(2) 建設作業場

外国法人の国内にある建設若しくは据付けの工事又はこれらの指揮監督の役務の提供を行う場所その他これに準ずるもの（法2十二の十九ロ）

(3) 代理人等

非居住者が国内に置く自己のために契約を締結する権限のある者その他これに準ずる者（法2十二の十九ハ）

2 課税所得の範囲

次に掲げる外国法人の区分に応じ、それぞれ次に定める国内源泉所得に係る所得について、各事業年度の所得に対する法人税を課することとされます（法8①、138、141、令176〜183）。

PEを有する外国法人	PE帰属所得 外国法人がPEを通じて事業を行う場合において、その PEがその外国法人から独立して事業を行う事業者である としたならば、そのPEが果たす機能、そのPEにおいて 使用する資産、そのPEとその外国法人の本店等との間の 内部取引(注1)その他の状況を勘案して、そのPEに帰せ られるべき一定の所得
	PE帰属所得以外の国内源泉所得（注2）
PEを有しない外国法人	PE帰属所得以外の国内源泉所得（注2）

(注)1　内部取引とは、外国法人のPEと本店等との間で行われた資産の移転、役務の
提供その他の事実で、独立の事業者の間で同様の事実があったとしたならば、こ
れらの事業者の間で、資産の販売、資産の購入、役務の提供その他の取引が行わ
れたと認められる一定のものをいいます（法138②、令181）。

2　PE帰属所得以外の国内源泉所得とは、例えば、国内にある資産の運用、保有
及び譲渡により生ずる所得や国内において人的役務の提供を主たる内容とする事
業で法人が受けるその人的役務の提供に係る対価などが定められています（法
138①二～六）。

公益法人や人格のない社団の法人税はどうなるか

公益法人等や人格のない社団等は法人税法で定める収益事業、法人課税信託の引受け又は退職年金業務等を行う場合に限って法人税が課税されます（法4）。

1 公益法人制度改革

平成20年に行われた公益法人制度改革により一般社団・財団法人法が制定され、社員等に対する剰余金、残余財産の分配を目的としない一般社団法人及び一般財団法人（以下「一般社団法人等」といいます。）が登記のみで設立できる制度が創設されました。

また、公益法人認定法が制定され、公益目的事業を行うことを目的とし、一定の基準を満たしている一般社団法人等は、行政庁の公益認定を受けることにより、公益社団法人又は公益財団法人（以下「公益社団法人等」といいます。）として扱われる制度が創設されました。

2 公益法人等とは

公益法人等とは、法人税法別表第二に掲げる法人をいいます。

一般社団法人等のうち、行政庁から公益社団法人等の認定を受けた法人及び非営利型法人は公益法人等とされ、それ以外の一般社団法人等については、普通法人とされます。

3 人格のない社団等とは

収益事業課税の対象となる人格のない社団等とは、法人でない社団又は財団

で、代表者又は管理人の定めがあるものをいい、例えば、ＰＴＡ、同業者団体、労働組合などがこれに当たります。

4　課税所得の範囲と税率

課税所得の範囲は次のとおりとなります。なお、税率については、206ページを参照してください。

	公益社団法人 公益財団法人	一般社団法人・ 一般財団法人		人格のない社団 等
		非営利型 法人	非営利型法人 以外の法人 《普通法人》	
課税所得の範囲	公益目的事業以 外で収益事業に より生じた所得	収益事業により 生じた所得	全ての所得	収益事業により 生じた所得

5　収益事業とは

収益事業課税の対象となる収益事業は、次の34の事業で、継続して事業場を設けて営まれるものをいいます（令5）。

① 物品販売業　　② 不動産販売業　　③ 金銭貸付業
④ 物品貸付業　　⑤ 不動産貸付業　　⑥ 製造業
⑦ 通信業　　　　⑧ 運送業　　　　　⑨ 倉庫業
⑩ 請負業　　　　⑪ 印刷業　　　　　⑫ 出版業
⑬ 写真業　　　　⑭ 席貸業　　　　　⑮ 旅館業
⑯ 料理店・飲食店業　⑰ 周旋業　　　⑱ 代理業
⑲ 仲立業　　　　⑳ 問屋業　　　　　㉑ 鉱業
㉒ 土石採取業　　㉓ 浴場業　　　　　㉔ 理容業
㉕ 美容業　　　　㉖ 興行業　　　　　㉗ 遊技所業
㉘ 遊覧所業　　　㉙ 医療保健業　　　㉚ 技芸教授業
㉛ 駐車場業　　　㉜ 信用保証業　　　㉝ 無体財産権提供業
㉞ 労働者派遣業

6　経理方法

公益法人等及び人格のない社団等が収益事業と収益事業以外の事業を営む場

合には、収益事業から生ずる所得に関する経理と収益事業以外の事業から生ずる所得に関する経理とを区分して行わなければならないとされています（令6）。

7　収益事業の申告手続

　収益事業を営んでいる公益法人等は、原則として事業年度終了の日の翌日から2か月以内に、確定した決算に基づき、法人税の確定申告書を納税地を所轄する税務署長に提出しなければなりません（法74①）。

8　収支計算書の提出義務

　公益法人等は一定の小規模な法人（年間の収入金額の合計額が8,000万円以下のもの）等を除き、収益事業を営まない場合であっても、原則として、事業年度終了の日の翌日から4か月以内に損益計算書又は収支計算書を主たる事務所の所在地の所轄税務署長に提出しなければなりません（措法68の6）。

実費弁償による事務処理の受託等の取扱い

問　公益法人等が行う事務処理の受託事業は「請負業」として収益事業の課税の対象となりますが、実費弁償的にその経費をまかなう程度の対価で行われているような場合には、この事業に対する課税について税法上の特例があると聞きましたがどのような内容でしょうか。

答　**実費弁償による事務処理の受託等に係る事業の確認申請制度があります。**

解説　公益法人等が行う事務処理の受託事業の中には、実費弁償的に行われ、剰余金が発生しない仕組みになっているものも多く、これらの所得の生じない仕組みになっているものについてまで、収益事業として課税するのは適切ではありません。

　そこで、公益法人等の行う事業が一定の要件を満たし、実費弁償的に行われるものであり、かつ、そのことについてあらかじめ一定の期間（おおむね5年以内の期間とします。）を限って所轄税務署長の確認を受けたときは、その期間に限って収益事業としないことができるとされています（基通15―1―28）。

　ただし、確認を受けた後に事業内容が大幅に変更するなど、もはや実費弁償的

とはいえない実態で運営されるようになった場合には、非課税の確認は与えられないことになり、過去に生じた剰余金について遡って課税されることもありますので、注意が必要です。

法人税額の計算

法人税額はどう計算するか

法人税額は、所得の金額に税率を乗じて計算しますが、特定の金額に特別税率を乗じて計算した金額が加算されることがあります（法66、67、措法42の3の2、62、67の2）。

1　法人税額の計算は

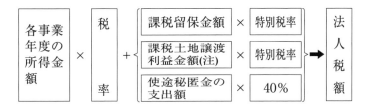

（注）　平成10年1月1日から令和8年3月31日までの間の土地の譲渡等については、土地譲渡益に対する追加課税は行われません（措法62の3⑮、63⑧）。

2　各事業年度の所得に対する法人税率

　法人税の税率は、法人の区分等によって異なります。また、平成24年4月1日から令和7年3月31日までの間に開始する事業年度においては、租税特別措置法により中小企業等を中心に低率の税率となっています（措法42の3の2）。

　なお、大法人による完全支配関係がある一定の中小企業者等について、この軽減税率の適用はありません。

　また、完全支配関係がある複数の大法人に発行済株式等の全部を保有されている中小企業者等についても、この軽減税率の適用はありません。

　各事業年度の所得に対する法人税の税率は、法人の区分に応じて次のとおりとなっています。

区分			適用年度	平24.4.1以後開始年度（平27.4.1前開始年度）	平27.4.1以後開始年度（平28.4.1前開始年度）	平28.4.1以後開始年度（平30.4.1前開始年度）	平30.4.1以後開始年度（平31.4.1前開始年度）	平31.4.1以後開始年度
普通法人	資本金1億円以下等（注1）		年800万円以下	15%	15%	15%	15%	15%〔19%〕
			年800万円超	25.5%	23.9%	23.4%	23.2%	23.2%
	資本金1億円超			25.5%	23.9%	23.4%	23.2%	23.2%
協同組合等			年800万円以下	15%	15%	15%	15%	15%
			年800万円超	19%（注2）	19%（注2）	19%（注2）	19%（注2）	19%（注2）
公益法人等	公益社団法人、公益財団法人又は非営利型法人	収益事業から生じた所得	年800万円以下	15%	15%	15%	15%	15%
			年800万円超	25.5%	23.9%	23.4%	23.2%	23.2%
	一定の公益法人等（注3）		年800万円以下	15%	15%	15%	15%	15%
			年800万円超	25.5%	23.9%	23.4%	23.2%	23.2%
	上記以外の公益法人等		年800万円以下	15%	15%	15%	15%	15%
			年800万円超	19%	19%	19%	19%	19%
人格のない社団等			年800万円以下	15%	15%	15%	15%	15%
			年800万円超	25.5%	23.9%	23.4%	23.2%	23.2%
特定の医療法人			年800万円以下	15%	15%	15%	15%	15%〔19%〕
			年800万円超	19%	19%	19%	19%	19%

（注）1　普通法人のうち各事業年度終了の時において資本金の額若しくは出資金の額が1億円以下であるもの又は資本若しくは出資を有しないものをいいます。

ただし、各事業年度終了の時において次の法人に該当するものを除きます（法66、措法42の3の2、令139の6）。

①　相互会社

②　次に掲げる大法人との間に、その法人による完全支配関係がある法人

イ　資本金の額又は出資金の額が5億円以上である法人

ロ　相互会社（外国相互会社を含みます。）

ハ　法人税法第4条の7に規定する受託法人

③　完全支配関係がある複数の大法人に発行済株式等の全部を保有される法人

④　投資法人

⑤　特定目的会社

⑥　受託法人

2　特定の協同組合等は、年10億円を超える所得に対しては、平成24年4月1日以後に開始する事業年度においては22％の税率が課されます（措法42の3の2②、68）。

3　一定の公益法人等とは、認可地縁団体、管理組合法人、団地管理組合法人、法人である政党等、防災街区整備事業組合、特定非営利活動法人、マンション建替組合、マンション敷地売却組合及び敷地分割組合をいいます（措令27の3の2）。

4　表中の括弧書きの税率は、資本金1億円以下等の普通法人又は特定医療法人が適用除外事業者に該当する場合について適用されます（措法42の3の2①）。

　　なお、適用除外事業者とは、原則として、次の算式の要件に該当する法人をいいます（措法42の4⑲八、措令27の4⑱〜㉒）。

$$\frac{\text{その事業年度開始の日前3年以内に終了した各事業年度の所得金額の合計額}}{\text{上記の各事業年度の月数}} \times 12 \quad > \quad 15\text{億円}$$

※　設立後3年を経過していないなど、一定の事由がある場合には、この算式の金額に一定の調整を加えた金額で判定します。

5　表中の税率15％を適用する場合には、租特透明化法による適用額明細書の添付が必要です。

　　なお、添付がない場合には、表中の15％とある部分は19％になります。

特定同族会社の
留保金課税とは

同族会社について、各事業年度の留保金額のうち、一定の限度額を超える金額に特別税率を乗じた法人税が加算されます（法67）。

1 対象となる同族会社とは……特定同族会社（法67①②）

$$\frac{\text{株主等の1人とその者と特殊の関係にある個人}\\ \text{及び法人の有する株式又は出資の数又は額}}{\begin{array}{c}\text{その会社の発行済株式又は出資の総数又は総額}\\ \text{（その会社が有する自己の株式又は出資を除きます。）}\end{array}} > 50\%$$

※ 上記判定に当たっては、議決権等による判定基準も規定されています。

※ 資本金の額又は出資金の額が1億円以下の会社は、特定同族会社から除外されていますが、次に該当するものは、例外として特定同族会社となります。

① 一の大法人（資本金の額が5億円以上である法人等）による完全支配関係があるもの

② 完全支配関係がある複数の大法人に発行済株式等の全部を保有されているもの

③ 投資法人

④ 特定目的会社

⑤ 大通算法人（261ページ（注）参照）

※ 清算中の法人を除きます。

2 課税される留保金額は

特定同族会社に対する配当支出の促進のため、配当等を行わないで過度に社

内留保した金額が課税対象となります。

←―――――――――――― 当 期 の 所 得 等 の 金 額 ――――――――――――→

社 外 に 流 出 した金額(注1)	法人税額等	留保控除額 （注2）	課 税 留 保 金 額

（注）1　剰余金の配当、寄附金及び交際費等の損金不算入額等

　　　2　次の①〜③のうち最も多い金額

　　　　　①　定額基準額……………2,000万円×$\dfrac{\text{事業年度の月数}}{12}$

　　　　　②　積立金基準額…………期末資本金の額×25％－期末利益積立金額（当期の所得
　　　　　　　　等の金額に係る部分を除きます。）

　　　　　③　所得基準額…………所得等の金額×40％

3　税額の計算は

税額	=	課税留保金額	×	特別税率	年3,000万円以下の部分　　　　　　　… 10% 年3,000万円を超え年1億円以下の部分 … 15% 年1億円を超える部分　　　　　　　　… 20%

ポイント

○　留保金課税は、内国法人である株式会社、合名会社、合資会社、合同会社、特定目的会社又は投資法人にのみ適用され、相互会社、協同組合、医療法人、公益法人等には適用されません。

○　次のような計算誤りが見受けられます。

・　留保金課税の計算において、「利益積立金」がマイナスであるときは、資本の金額又は出資の金額の25％にそのマイナスの金額（絶対値）を加算した金額が積立金基準額となるのに、積立金の額をゼロとして計算していた。

・　留保所得金額の計算において、剰余金の配当又は利益の配当を加味していなかった。

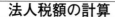

法人税額の計算

使途秘匿金課税とは

使途秘匿金の支出をした場合は、支出額に対し40％の特別税率による法人税が課税されます（措法62）。

1 課税される使途秘匿金とは

要件	適用対象法人	公共法人を除く法人
	平成6年4月1日以後の金銭の支出 （金銭の贈与、供与その他これらに類する目的のためにする金銭以外の資産の引渡しを含みます。）	
	相手方の氏名又は名称及び住所又は所在地並びにその事由を帳簿書類に記載していないもの（注）	

(注) 次のものは除かれます。

　1　相手方の氏名等を帳簿に記載しないことに相当の理由があるもの

　2　資産の譲受けその他の取引の対価として支出されたもの（取引の対価として相当であると認められるものに限ります。）であることが明らかなもの

2 適用対象から除かれる支出

次の支出は課税の対象から除かれています。

適用除外となる支出	公益法人等又は人格のない社団等	収益事業以外の事業に係る支出
	外国法人	国外源泉所得に係る事業以外の事業に係る支出
	外国法人である人格のない社団等	国内源泉所得に係る収益事業以外の事業に係る支出

3 帳簿書類の記載の判定時期

　相手方の氏名等を帳簿書類に記載しているかどうかの判定時期は、次のとおりです（措令38①）。

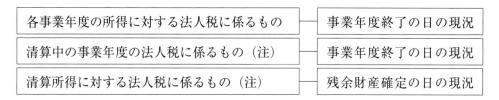

各事業年度の所得に対する法人税に係るもの	事業年度終了の日の現況
清算中の事業年度の法人税に係るもの（注）	事業年度終了の日の現況
清算所得に対する法人税に係るもの（注）	残余財産確定の日の現況

（注）　平成22年9月30日までに解散した法人に適用されます。

ポイント

○　「帳簿書類」には、領収証、請求書等の書類が含まれます。また、法人が支出した金銭で領収証がないものであっても、帳簿書類にその相手方の氏名等を記載しているものは使途秘匿金に該当しません。

　なお、帳簿書類に相手方の氏名等を記載しているということは、その相手方の氏名等は正しいものが記載されていることをいいますから、税務調査等において、相手方への確認等をしないことを条件に、相手方の氏名等の記載がある帳簿書類を提示しても、正しい氏名等が記載されているかどうかの判定ができませんので、帳簿書類に相手方の氏名等を記載していることにはなりません。

○　相手方の氏名等を帳簿書類に記載していないことに相当の理由があるかどうかは、この制度の趣旨と社会通念に照らして判断することになります。例えば、不特定多数の者との取引で、その性格上、相手方の住所及び氏名が分からないもの、小口の金品の贈与あるいは不特定多数の顧客を相手とする事業者への支払いのように、相手方の住所及び氏名を帳簿書類に記載しないことが通例となっている支出がこれに該当しますが、相手先に迷惑がかかる、取引が継続できなくなるといった理由は、「相当の理由」には該当しません。

○　法人が支出した金銭のうち、仮払金、前払金等として資産に計上されているものであっても、その相手方の氏名等を帳簿書類に記載していないものは、使途秘匿金に含まれます。

法人税額の計算

税額控除には
どんなものがあるか

利子等について源泉徴収された所得税を精算する所得税額控除をはじめ、政策目的から定められた特別税額控除があります（法68～70、措法42の4～42の12の7）。

法人税法における税額控除	控 除 額
所得税額の控除（法68）	確定申告書、修正申告書又は更正の請求書に記載された金額を限度として控除
外国税額の控除（法69）	
分配時調整外国税相当額の控除（法69の2）	
仮装経理に基づく過大申告の場合の更正に伴う法人税額の控除（法70）	更正の日の属する事業年度の開始の日から5年以内に開始する各事業年度の法人税額から順次控除。ただし、一定の事由に該当する場合は除きます。

租税特別措置法における特別税額控除	
試験研究を行った場合の法人税額の特別控除（措法42の4）	確定申告書等に添付された書類に記載された対象設備の取得価額等を基礎として計算した金額を限度として控除（租特透明化法による「適用額明細書」の添付が必要。）
高度省エネルギー増進設備等を取得した場合の法人税額の特別控除（旧措法42の5、令3改正法附則44）	
中小企業者等が機械等を取得した場合の法人税額の特別控除（措法42の6）	
沖縄の特定地域において工業用機械等を取得した場合の法人税額の特別控除（措法42の9）	
国家戦略特別区域において機械等を取得した場合の法人税額の特別控除（措法42の10）	

国際戦略総合特別区域において機械等を取得した場合の法人税額の特別控除（措法42の11）	→
地域経済牽引事業の促進区域内において特定事業用機械等を取得した場合の法人税額の特別控除（措法42の11の2）	→
地方活力向上地域等において特定建物等を取得した場合の法人税額の特別控除（措法42の11の3）	→
地方活力向上地域等において雇用者の数が増加した場合の法人税額の特別控除（措法42の12）	→
認定地方公共団体の寄附活動事業に関連する寄附をした場合の法人税額の特別控除（措法42の12の2）	→
特定中小企業者等が経営改善設備を取得した場合の法人税額の特別控除（旧措法42の12の3、令3改正法附則47）	→
中小企業者等が特定経営力向上設備等を取得した場合の法人税額の特別控除（措法42の12の4）	→
給与等の支給額が増加した場合の法人税額の特別控除（措法42の12の5）	→
認定特定高度情報通信技術活用設備を取得した場合の法人税額の特別控除（措法42の12の6）	→
事業適応設備を取得した場合等の法人税額の特別控除（措法42の12の7）	→

確定申告書等に添付された書類に記載された対象設備の取得価額等を基礎として計算した金額を限度として控除

租特透明化法による「適用額明細書」の添付が必要。

1 試験研究を行った場合の法人税額の特別控除

　試験研究を行った場合の税額控除には、次の(1)から(3)の制度があります（措法42の4）。

　なお、(1)と(2)は同時に選択することはできません（選択適用）。

　また、(1)及び(3)の制度は、中小企業者（適用除外事業者等を除きます。）又は農業協同組合等以外の法人が、平成30年4月1日から令和6年3月31日までの間に開始する各事業年度において次の①及び②の要件のいずれにも該当しない場合（その事業年度が設立事業年度等に該当しない場合において、その所得金額が前事業年度の所得金額以下であるときを除きます。）には、適用できません（措法42の13⑤）。

① 継続雇用者給与等支給額 ＞ 継続雇用者比較給与等支給額（注1）

② 国内設備投資額 ＞ 当期償却費総額 × 30％（注2）

（注）1 令和4年4月1日から令和6年3月31日までに開始する事業年度においては、継続雇用者給与等支給増加割合が一定割合以上となります（その事業年度終了の時に資本金の額等が10億円以上等の一定の法人に限ります。）。

2 令和2年4月1日前に開始した事業年度は10％となります（令2改正法附則78）。

(1) 試験研究費の総額に係る税額控除制度

青色申告法人の各事業年度（合併以外の解散の日を含む事業年度等を除きます。以下(3)までにおいて同じです。）において、損金の額に算入される試験研究費の額がある場合に、その試験研究費の額に一定割合を乗じて計算した金額を、その事業年度の法人税額から控除することができるものです。

(2) 中小企業技術基盤強化税制

中小企業者（平成31年4月1日以後に開始する事業年度については、適用除外事業者（注）を除きます。）又は農業協同組合等である青色申告法人の各事業年度において、損金の額に算入される試験研究費の額がある場合に、上記(1)の「試験研究費の総額に係る税額控除制度」に代えて適用するときは、その試験研究費の額に一定割合を乗じて計算した金額を、その事業年度の法人税額から控除することができるものです。

（注） 適用除外事業者については、207ページを参照してください。

(3) 特別試験研究費の額に係る税額控除制度（オープンイノベーション型）

青色申告法人の各事業年度において損金の額に算入される特別試験研究費の額がある場合に、上記(1)及び(2)の制度とは別枠でその特別試験研究費の額の一定割合の金額をその事業年度の法人税額から控除することができるものです。

なお、「特別試験研究費の額に係る税額控除制度」の対象となる特別試験研究費の額は、「試験研究費の総額に係る税額控除制度」又は「中小企業技術基盤強化税制」の計算の基礎に含めることはできません。

2 中小企業者等が機械等を取得した場合の法人税額の特別控除

青色申告法人のうち、特定中小企業者等が、平成10年6月1日から令和7年3月31日までの期間内に、特定機械装置等でその製作の後事業の用に供されたことのないものを取得等して一定の事業の用に供した場合において、94ページの特別償却の適用を受けないときには、次の算式により計算した税額控除限度額に相当する金額を、原則として法人税額から控除することができます（措法42の6①②）。

> 基準取得価額（注1）　×　7％　＝　税額控除限度額（注2、3）

(注)1　船舶については取得価額×75％、その他の資産についてはその取得価額となります（措令27の6⑦）。

2　税額控除限度額がその事業年度の法人税額の20％相当額を超える場合には、その20％相当額を限度とします。なお、特定中小企業者等が経営改善設備を取得した場合の税額控除制度（旧措法42の12の3）及び中小企業者等が特定経営力向上設備等を取得した場合の税額控除制度（措法42の12の4）と併せて法人税額の20％相当額が限度となります（措法42の6③）。

3　税額控除限度額のうち法人税額から控除しきれなかった金額は、繰越税額控除限度額として1年間に限り、繰越しすることができます（措法42の6③④）。

3 地方活力向上地域等において雇用者の数が増加した場合の法人税額の特別控除

(1) 拡充型計画又は移転型計画の認定を受けた法人に対する特例

青色申告書を提出する法人で地域再生法の一部を改正する法律の施行の日（平成27年8月10日）から令和6年3月31日までの間に地域再生法に規定する地方活力向上地域等特定業務施設整備計画（拡充型計画又は移転型計画）についての認定を受けた法人（以下「認定事業者」といいます。）であるものが、適用年度において、雇用保険法の適用事業を行っている場合で、かつ、一定の要件を満たすときには、一定の範囲内の金額（適用年度の調整前法人税額の20％相当額が限度となっています。）を法人税額から控除することが

できます。

　また、本措置については、「地方活力向上地域等において特定建物等を取得した場合の特別償却又は法人税額の特別控除」（措法42の11の３）との重複適用ができないこととされています。

⑵　移転型計画の認定を受けた法人に対する特例

　青色申告書を提出する法人で認定事業者（移転型計画の認定を受けた法人に限ります。）であるもののうち上記⑴の適用を受ける又は受けたものが、その適用を受ける事業年度以後の各適用年度において、雇用保険法の適用事業を行っている場合には、一定の範囲内の金額を法人税額から控除することができます。

　ただし、適用年度の調整前法人税額の20％相当額（上記⑴又は「地方活力向上地域において特定建物等を取得した場合の法人税額の特別控除」（措法42の11の３）による特別控除額がある場合には、これらの金額を控除した残額）が限度とされています。

　また、「地方活力向上地域等において特定建物等を取得した場合の特別償却又は法人税額の特別控除」（措法42の11の３）の適用を受ける事業年度において、その適用を受けないものとしたならば上記⑴の措置の適用のある法人である場合には、本措置を適用できることとされています。

4　認定地方公共団体の寄附活用事業に関連する寄附をした場合の法人税額の特別控除

　青色申告法人が、地域再生法の一部を改正する法律の施行の日（平成28年４月20日）から令和７年３月31日までの間に、地域再生法に規定する認定地方公共団体に対してその認定地方公共団体が行ったまち・ひと・しごと創生寄附活用事業に関連する寄附金（以下「特定寄附金」といいます。）を支出した場合、その支出した日を含む事業年度（合併以外の解散の日を含む事業年度等を除きます。）において、一定の範囲内の金額を法人税額から控除することができます（措法42の12の２①）。

　なお、その寄附をした法人がその寄附によって設けられた設備を専属的に利

用することやその他特別な利益がその寄附をした法人に及ぶと認められるものは除かれます。

〔税額控除限度額の計算〕

　税額控除限度額は、その事業年度において支出した特定寄附金の額の合計額の40％相当額から、その特定寄附金の支出について地方税法の規定により道府県民税及び市町村民税（都民税を含みます。）から控除される金額として一定の方法により計算した金額を控除した金額となります。

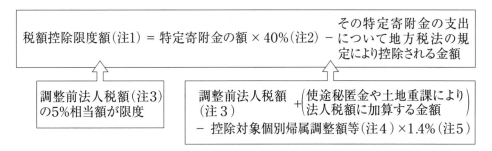

（注）1　その事業年度において支出した特定寄附金の合計額の10％に相当する金額を超える場合には、10％に相当する金額となります。

　　　2　令和2年4月1日前に支出した特定寄附金については、20％となります（令2改正法附則83）。

　　　3　措法第42条の4第8項第2号の調整前法人税額をいいます。

　　　4　令第139条の10第2項第2号ロ及びハに掲げる金額をいいます。

　　　5　令和元年10月1日前に開始する事業年度は2.58％となります（平28改正措令附則15①）。

5　給与等の支給額が増加した場合の法人税額の特別控除

　青色申告法人が、令和4年4月1日から令和6年3月31日までの間に開始する各事業年度（注）において、国内雇用者に対して給与等を支給する場合に、一定の要件を満たすときは、一定の範囲内の金額を法人税額から控除することができます（措法42の12の5①②）。

（注）　設立事業年度、合併以外の解散の日を含む事業年度及び清算中の事業年度を除きます。

(1)　適用要件

イ　原則

　この特別控除の適用を受けるためには、次の要件を満たしていることが必

要です（措法42の12の5①、措令27の12の5①②）。

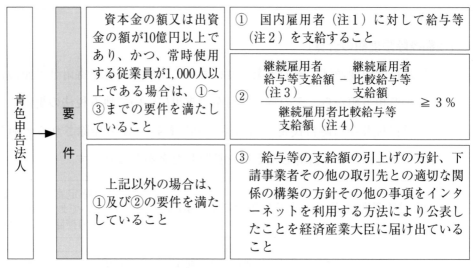

（注）1　法人の使用人のうち労働基準法に規定する賃金台帳に氏名が記載された者をいい、使用人から役員の特殊関係者及び使用人兼務役員は除かれます（措法42の12の5③二、措令27の12の5⑤⑥）。

2　所得税法第28条第1項に規定する給与等をいいます（措法42の12の5③三）。

3　適用事業年度及び前事業年度の期間内の各月分のその法人の給与等の支給を受けた国内雇用者として一定のもの（継続雇用者）に対する適用事業年度の給与等の支給額（その給与等に充てるため他の者から支払を受ける金額（雇用安定助成金額（※）を除きます。）がある場合には、その支払を受ける金額を控除した金額。(1)において同じです。）をいいます（措法42の12の5③四）。

※　国又は地方公共団体から受ける雇用保険法第62条第1項第1号に掲げる事業として支給が行われる助成金その他これに類するものの額をいいます。

4　継続雇用者に対する前事業年度の給与等の支給額をいいます。この金額が零である場合は②の要件を満たさないこととなります。なお、適用事業年度の月数と前事業年度の月数が異なる場合には次のとおりとなります（措法42の12の5③五、措令27の12の5⑨㉓）。

区　分	金　額
①　前事務年度の月数が適用事業年度の月数を超える場合	前事業年度の損金の額に算入される国内雇用者に対する給与等の支給額のうち継続雇用者に対する給与等の支給額（前事業年度の期間のうち適用事業年度の期間に相当する期間で前事業年度の終了の日に終了する期間に対応する金額に限ります。）
②　前事業年度の月数が適用事業年度の月数に満たない場合	適用事業年度開始の日前１年以内に終了した各事業年度の損金の額に算入される国内雇用者に対する給与等の支給額のうち継続雇用者に対する給与等の支給額（適用事業年度の開始の日から起算して１年前の日から前事業年度の終了の日までの期間（前一年事業年度特定期間）に対応する金額に限ります。）の合計額　×　適用事業年度の月数／前一年事業年度特定期間の月数の合計額 ※　月数は暦に従って計算し、１月に満たない端数を生じたときは、１月とします（措法42の12の５④）。

ロ　中小企業者等の特例

　この特例は、中小企業者等（注１）が次の①及び②の要件を満たしていることが必要です。ただし、上記イの適用を受ける事業年度を除きます（措法42の12の５②）。

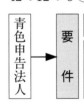

要件	
①	国内雇用者（注２）に対して給与等（注３）を支給すること
②	$\dfrac{\text{雇用者給与等支給額（注４）}-\text{比較雇用者給与等支給額（注５）}}{\text{比較雇用者給与等支給額}} \geq 1.5\%$（注６）

（注）1　中小企業者（74ページ参照）又は農業協同組合等をいいます。なお、中小企業者のうち適用除外事業者（207ページ参照）に該当するものを除きます（措法42の12の５②）。

　　　2　上記イ（注１）を参照してください。

　　　3　上記イ（注２）を参照してください。

　　　4　適用事業年度の損金の額に算入される国内雇用者に対する給与等の支給額をいいます（措法42の12の５③九）。

　　　5　適用事業年度の前事業年度の損金の額に算入される国内雇用者に対する給与等の支給額をいいます。なお、適用事業年度の月数と前事業年度の月数が異なる場合には次のとおりとなります（措法42の12の５③十、措令27の12の５⑱）。

区　分	金　額	
①　前事業年度の月数が適用事業年度の月数を超える場合	前事業年度の損金の額に算入される国内雇用者に対する給与等の支給額 $\times$ $\dfrac{\text{適用事業年度の月数}}{\text{前事業年度の月数}}$	
②　前事業年度の月数が適用事業年度の月数に満たない場合	イ　前事業年度の月数が6月に満たない場合 適用事業年度開始の日前1年以内に終了した各事業年度の損金の額に算入される国内雇用者に対する給与等の支給額の合計額 $\times$ $\dfrac{\text{適用事業年度の月数}}{\substack{\text{適用事業年度の開始の日}\\\text{前1年以内に終了した各}\\\text{事業年度の月数の合計数}}}$	
	ロ　前事業年度の月数が6月以上の場合 　　上記①と同様 ※　月数は暦に従って計算し、1月に満たない端数を生じたときは、1月とします（措法42の12の5④）。	

6　比較雇用者給与等支給額が零である場合には、上記ロの②の要件は満たさないこととなります（措令27の12の5㉔）。

(2) 税額控除限度額の計算

イ　原則

次の算式により計算した税額控除限度額に相当する金額が、法人税額から控除されます（措法42の12の5①）。

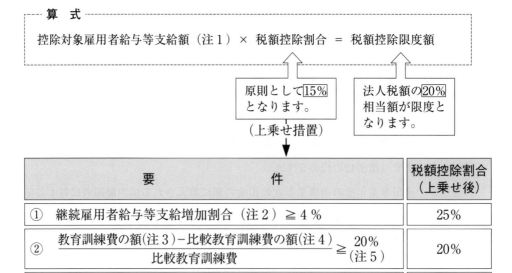

算　式

控除対象雇用者給与等支給額（注1）× 税額控除割合 ＝ 税額控除限度額

原則として15%となります。

（上乗せ措置）

法人税額の20%相当額が限度となります。

要　件		税額控除割合（上乗せ後）
①	継続雇用者給与等支給増加割合（注2）≧4%	25%
②	$\dfrac{\text{教育訓練費の額(注3)}-\text{比較教育訓練費の額(注4)}}{\text{比較教育訓練費}} \geqq 20\%$（注5）	20%
③	①及び②の要件をいずれも満たす場合	30%

(注) 1　雇用者給与等支給額（上記(1)ロ（注４）参照）から比較雇用者給与等支給額（上記(1)ロ（注５）参照）を控除した金額のうち適用事業年度の調整雇用者給与等支給増加額（※）に達するまでの金額をいいます（措法42の12の５③六）。

なお、地方活力向上地域等において雇用者の数が増加した場合の法人税額の特別控除制度（措法42の12）と重複適用する場合には、控除対象新規雇用者給与等支給額から一定の金額を控除します（措法42の12の５①、措令27の12の５③）。

※　雇用者給与等支給額から比較雇用者給与等支給額を控除した金額をいい、雇用者給与等支給額及び比較雇用者給与等支給額にそれぞれの金額の計算の基礎となる給与等に充てるための雇用安定助成金額がある場合には、その金額をそれぞれの金額から控除します（措法42の12の５③六）。

なお、この場合の調整雇用者給与等支給増加額の計算における比較雇用者給与等支給額の計算について、上記(1)ロ（注５）の計算を行う場合には、国内雇用者に対する給与等の支給額からその雇用安定助成金額を控除します（措令27の12の５㉑）。

2　継続雇用者給与等支給額（上記(1)イ（注３）参照）から、継続雇用者比較給与等支給額（上記(1)イ（注４）参照）を控除した金額のその継続雇用者比較給与等支給額に対する割合をいいます（措法42の12の５①）。

3　法人がその国内雇用者の職務に必要な技術又は知識を習得させ、又は向上させるために支出する費用であり、その国内雇用者に対して教育、訓練、研修、講習等を自ら行う場合、他の者に委託をした場合又は他の者が行う研修等に参加させる場合の一定のものをいいます（措法42の12の５③七、措令27の12の５⑩、措規20の10②～④）。

4　適用事業年度開始の日前１年以内に開始した各事業年度の損金の額に算入される教育訓練費の額の年平均額をいいます（措法42の12の５③八）。

5　比較教育訓練費の額が零である場合の要件の適否については、適用事業年度の教育訓練費の額に応じて、次のとおりとなります（措令27の12の５㉕）。

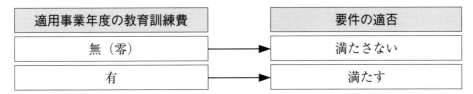

適用事業年度の教育訓練費	要件の適否
無（零）	満たさない
有	満たす

ロ　中小企業者等の特例

次の算式により計算した税額控除限度額に相当する金額が、法人税額から控除されます（措法42の12の５②）。

算 式

控除対象雇用者給与等支給増加額（注1）× 税額控除割合 ＝ 税額控除限度額

原則として 15% となります。

（上乗せ措置）

法人税額の 20% 相当額が限度となります。

要　　　　　件		税額控除割合（上乗せ後）
①	$\dfrac{雇用者給与等支給額（注2）－比較雇用者給与等支給額（注3）}{比較雇用者給与等支給額} ≧ 2.5\%$	30%
②	$\dfrac{教育訓練費の額（注4）－比較教育訓練費の額（注5）}{比較教育訓練費の額} ≧ 10\%$（注6）	25%
③	①及び②の要件をいずれも満たす場合	40%

（注）1　上記イ（注1）を参照してください。

　　　　なお、地方活力向上地域等において雇用者の数が増加した場合の法人税額の特別控除制度（措法42の12）と重複適用する場合には、控除対象雇用者給与等支給増加額から一定の金額を控除します（措法42の12の5②、措令27の12の5④）。

　　　2　上記(1)ロ（注4）を参照してください。

　　　3　上記(1)ロ（注5）を参照してください。

　　　4　上記イ（注3）を参照してください。

　　　5　上記イ（注4）を参照してください。

　　　6　上記イ（注5）を参照してください。

法人税額の計算

所得税額の控除額は どう計算するか

所得税法の規定によって源泉徴収された
所得税額のうち、一定の金額については
法人税額から控除できます（法68）。

1　控除対象となる所得税額は

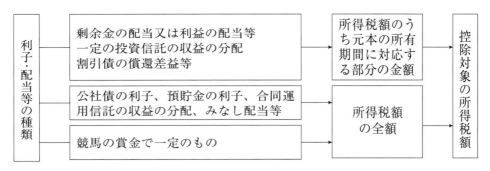

（注）　平成26年４月１日以後に開始する各事業年度から利子及び配当等につき課される
　　　復興特別所得税の額は、利子及び配当等につき課される所得税の額とみなし、法人
　　　税の額から控除することができます。

2　所有期間に対応する部分の金額の計算は

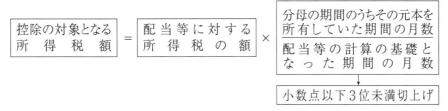

（注）　合併、株式移転等により取得した株式等に係る配当等については、所有期間の特
　　　例があります。

ポイント

○　元本の銘柄ごと、所有期間の月数ごとに計算します。

○　このほか、所有期間対応分の計算には銘柄別簡便法があります。

申告と納付

申告と納付は いつするか

申告書には、確定申告書・修正申告書・中間申告書などがあり、それぞれの期限までに申告し、法人税を納付することになります（法71～77、通則法17～19、35）。

1 中間申告書と確定申告書の提出及び納付は

区　　　分	申告期限及び納期限
中　間　申　告	事業年度開始の日以後6か月を経過した日から2か月
確　定　申　告	事業年度終了の日の翌日から2か月

(注)1　中間申告には、①前年度実績による予定申告と②仮決算による中間申告があり、いずれかを選択することができます。また、中間申告書を提出期限までに提出しなかった場合は、①による申告があったものとみなされます。

2　中間申告書の提出について、国税通則法第11条（災害等による期限の延長）の規定による申告期限の延長により、その提出期限と確定申告書の提出期限が同一の日となる場合は、中間申告書の提出は必要ありません（法71の2）。

3　予定申告の納付すべき税額が10万円以下となれば、中間申告の必要はありません。

4　資本金の額等が1億円超の株式会社など、一定の法人が行う法人税等の申告は電子情報処理組織（以下「e-Tax」といいます。）により提出しなければなりません（227ページ参照）。

（年1回3月決算法人の場合の例）

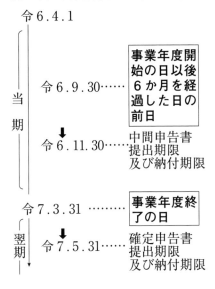

○　中間申告書
　①　予定申告
$$税額 = \frac{前期の法人税額}{前期の月数} \times 6$$

　②　仮決算による中間申告
　　令6.4.1〜令6.9.30を1事業年度とみ
　　なして計算した 所得金額 及び 税額

○　確定申告書
　確定した決算に基づいて計算した
　所得金額 及び 税額

ポイント

○　確定申告書には次のような書類を添付することとなっています。

　　貸借対照表　　損益計算書　　株主資本等変動計算書

　　勘定科目内訳明細書　　事業等の概況に関する書類（注）　適用額明細書

　　（注）　完全支配関係がある法人がある場合、その法人との関係を系統的に示した図を
　　　　　添付する必要があります。

○　租税特別措置法の規定の適用を受けようとする場合には、その適用条文及
　び適用額等を記載した適用額明細書を添付しなければならないこととされて
　います（租税透明化法3①）。

○　適格合併が行われた場合には、前年度実績による予定申告に被合併法人の
　確定法人税額を基礎として計算した一定の金額を加算する必要があります
　（法71②）。

○　申告書の提出期限が延長される場合があります。

⑴　災害その他やむを得ないとき（法75①）

⑵　内国法人が、会計監査人を置いている場合で、かつ、定款等の定めによ
　　り各事業年度の終了の日の翌日から3か月以内に決算についての定時総会
　　が招集されない常況にあると認められる場合には、4か月を超えない範囲
　　内で内国法人の申請に基づき税務署長が指定する月数の期間の確定申告書

の提出期限の延長が認められます（法75の2①一）。

(注) 申告期限の延長により、納期限が延長された場合には、本来の法定納期限の翌日
から起算して、納付する日まで（申告期限内）の期間について利子税が課せられます。
ただし、(1)による延長の場合には、利子税が免除されることがあります。

○ 予定申告による税額の基礎となる前期の法人税額には使途秘匿金に係る追
加税額や土地重課税額は含まれません。

2 e-Tax

インターネットを利用して国税に関する申告、申請、届出及び納税等を行う
ことができます。

(1) 利用できる手続

・申告……法人税及び地方法人税、消費税及び地方消費税、所得税及び復興
特別所得税、相続税、贈与税、酒税及び印紙税

・申請等…青色申告の承認申請、納税地の異動届、納税証明書の交付請求、
源泉所得税の納期の特例の承認に関する申請、法定調書、所得税
徴収高計算書の提出等

・納税……全税目（ダイレクト納付やインターネットバンキング等がありま
す。）

(2) 利用できる方

インターネットを利用できる環境を有しており、かつマイナンバーカード
等の電子証明書を保有している方です。

ただし、所得税徴収高計算書、納付情報登録依頼及び納税証明書の交付請
求（署名省略分）のみの手続を利用する場合や、電子納税のみを利用する場
合は、電子証明書は不要です。

(3) 利用開始のための手続

e-Tax を利用しようとする方は、電子申告・納税等開始（変更等）届出書
等を事前に納税地の所轄税務署に提出する必要があります。

また、ダイレクト納付を利用する場合は、「国税ダイレクト方式電子納税
依頼書兼国税ダイレクト方式電子納税届出書」を所轄税務署に提出する必要

があります。

3 大法人の電子申告義務化

平成30年度税制改正により、「電子情報処理組織による申告の特例」が創設され、一定の法人が行う法人税等の申告は、e-Tax により提出しなければならないこととされました（法75の4、地法法19の3、消法46の2、平30改正法附則31、42①、45）。

なお、対象となる税目、法人の範囲、手続等は以下のとおりです。

(1) **対象税目**

法人税及び地方法人税並びに消費税及び地方消費税

(2) **対象法人の範囲**

イ　法人税及び地方法人税

⑴　内国法人のうち、その事業年度開始の時において資本金の額又は出資金の額（以下「資本金の額等」といいます。）が1億円を超える法人

⑵　グループ通算制度の適用を受けた通算親法人及び通算子法人、相互会社、投資法人及び特定目的会社

ロ　消費税及び地方消費税

イに掲げる法人に加え、国及び地方公共団体

(3) **対象手続**

確定申告書、中間（予定）申告書、仮決算の中間申告書、修正申告書及び還付申告書（以下、これらを総称して「申告書」といいます。）

(4) **対象書類**

申告書及び申告書に添付すべきものとされている書類の全て

(5) **例外的書面申告**

電気通信回線の故障、災害その他の理由により e-Tax を使用することが困難である場合には、納税地の所轄税務署長の事前の承認を要件として、法人税等の申告書及び添付書類を書面によって提出することができます。

(6) **適用開始の届出**

電子申告の義務化の対象となる法人（以下「義務化対象法人」といいます。）

は、以下のとおり納税地の所轄税務署長に対し、適用開始事業年度等を記載した届出書（「e-Taxによる申告の特例に係る届出書」）を提出することが必要です。

⑺　**適用日**

令和2年4月1日以後に開始する事業年度（課税期間）から適用

申告と納付

確定申告書の提出を 忘れていたときは

申告期限後に確定申告をした場合には、無申告加算税や延滞税等がかかることがあります（通則法18、60、66、68②）。

　法定申告期限を過ぎてから確定申告を行い、又は決定を受けた場合には、その申告又は決定により納めるべき法人税額のほかに、無申告加算税と延滞税がかかります。

税　　目	納　付　税　額
法　人　税	期限後申告又は決定により納付すべき税額
無申告加算税	原則として、期限後申告又は決定により納付すべき税額に対して、50万円までの部分は15パーセント、50万円を超える部分は20パーセントの割合を乗じて計算した金額（注１〜６）
延　滞　税	期限後申告又は決定により納付すべき税額 × $\dfrac{\text{法定納期限の翌日から起算して完納する日までの日数}}{365}$ × 一定の割合（注７）

（注）１　令和６年１月１日以後に法定申告期限が到来するものについては、納付すべき税額に対して、50万円までの部分は15パーセント、50万円を超え300万円までの部分は20パーセント、300万円を超える部分は30パーセントの割合を乗じて計算した金額となります。

　　２　令和６年１月１日以後に法定申告期限が到来するものについて、税務調査等で帳簿の提示又は提出を求められた際、帳簿の提示等をしなかった場合及び帳簿への売上金額の記載等が本来記載すべき金額の２分の１未満だった場合は、納付すべき税額に対して10パーセントの割合を乗じて計算した金額が、帳簿への売上金額の記載等が本来記載等すべき金額の３分の２未満だった場合は納付すべき税額に対して５パーセントの割合を乗じて計算した金額が、加算されます。

　　３　事実を隠蔽又は仮装したところに基づいて、申告期限までに申告しない（決定を受

けた）又は期限後申告書を提出した場合には、納付すべき税額に対して、40パーセントの割合を乗じて計算した金額となります。

4　令和6年1月1日以後に法定申告期限が到来するものについて、税務調査等により、期限後申告書の提出があった場合において、その期限後申告書を提出した日の前日から起算して5年前の日までの間に、所得税について無申告加算税又は重加算税が課されたことがある場合やその期限後申告書に係る年分の前年及び前々年の所得税について無申告加算税若しくは無申告加算税に代えて課される重加算税が課されたことがあるとき又は課されるべきと認められるときには、納付すべき金額に、10パーセントの割合を乗じて計算した金額が、加算されます。

5　税務署の調査を受ける前に自主的に期限後申告をした場合には、この無申告加算税が5パーセントの割合を乗じて計算した金額に軽減されます（ただし、平成29年1月1日以後に法定申告期限が到来するものについて、調査の事前通知の後に期限後申告をした場合は、50万円までの部分は10パーセント、50万円を超える部分は15パーセントの割合を乗じた金額となり、また、令和6年1月1日以後に法定申告期限が到来するものについて、調査の事前通知の後に期限後申告をした場合は、50万円までの部分は10パーセント、50万円を超え300万円までの部分は15パーセント、300万円を超える部分は25パーセントの割合を乗じた金額となります。）。

6　期限後申告であっても、次の要件をすべて満たす場合には無申告加算税は課されません。

⑴　その期限後申告が、法定申告期限から1か月以内に自主的に行われていること。

⑵　期限内申告をする意思があったと認められる一定の場合に該当すること。

　　なお、一定の場合とは、次のイ及びロのいずれにも該当する場合をいいます。

　イ　その期限後申告に係る納付すべき税額の全額を法定納期限（口座振替納付の手続をした場合は期限後申告書を提出した日）までに納付していること。

　ロ　その期限後申告書を提出した日の前日から起算して5年前までの間に、無申告加算税又は重加算税を課されたことがなく、かつ、期限内申告をする意思があったと認められる場合の無申告加算税の不適用を受けていないこと。

7　延滞税は、納期限の翌日から起算して2か月を経過する日までの期間については、期限後申告又は決定により納付すべき税額の「7.3％」又は「延滞税特例基準割合＋1％」のいずれか低い割合、納期限の翌日から2か月を経過する日の翌日以降は「14.6％」と「延滞税特例基準割合＋7.3％」のいずれか低い割合が課せられます。

申告と納付

確定申告が
間違っていたときは

確定申告が間違っていた場合には、更正の請求や修正申告等で訂正する必要があります（通則法19、23、60、65、68①）。

1　税額を多く申告していたとき

　計算間違いや法令の適用を誤ったことにより、法人税額等を多く申告した場合には、「更正の請求」をして正しい金額に訂正することができます。

　更正の請求書には、訂正後の金額を記入します。更正の請求書が提出されると、税務署でその内容を検討し、その請求内容が正当であると認められたときは、納め過ぎていた税額が還付されます。

　なお、更正の請求ができる期間は、原則として、その確定申告書の提出期限から5年間です。

2　税額を少なく申告していたとき

　「修正申告」をして正しい金額に訂正する必要があります。

　修正申告書には、訂正後の金額を記入して提出します。修正申告をしたときは、その修正申告により新たに納めるべきこととなった税額のほかに延滞税などがかかる場合があります。

　なお、税額を少なく申告しているにもかかわらず、修正申告書の提出がない場合には、税務署長が更正を行います。

税　　　目	納　付　税　額
法　人　税	修正申告又は更正により納付すべき税額
過少申告加算税	修正申告又は更正により納付すべき税額×10％（注１、２、３）
延　滞　税	修正申告又は更正により納付すべき税額 × $\dfrac{\text{法定納期限の翌日から起算して完納する日までの日数}}{365}$ × 一定の割合（注４）

(注) 1　更正があることを予知していない場合で、税務署の調査通知を受ける前に自主的に修正申告書を提出するなど、一定の場合には過少申告加算税は課せられません。

　　　ただし、平成29年１月１日以後に法定申告期限が到来するものについて修正申告書が調査通知以後に提出され、かつ、その提出が調査による更正を予知してされたものでない場合には、その申告に基づいて納付すべき税額に５％（期限内申告税額と50万円のいずれか多い額を超える部分は10％）の割合を乗じて計算した過少申告加算税が課されます。

　　　また、修正申告又は更正により新たに納付すべき税額が「期限内申告税額に相当する金額」と「50万円」とのいずれか多い金額を超えるときは、その超える部分に相当する金額の５％が加算されます（したがって、その部分については15％の過少申告加算税が課せられます。）。

　　2　令和６年１月１日以後に法定申告期限が到来するものについて、税務調査等で帳簿の提示又は提出を求められた際、帳簿の提示等をしなかった場合及び帳簿への売上金額の記載等が本来記載すべき金額の２分の１未満だった場合は、納付すべき税額に対して10パーセントの割合を乗じて計算した金額が、帳簿への売上金額の記載等が本来記載等すべき金額の３分の２未満だった場合は納付すべき税額に対して５パーセントの割合を乗じて計算した金額が、加算されます。

　　3　事実を隠蔽又は仮装したところに基づいて、過少申告を行った場合には過少申告加算税に代えて35％の重加算税が課せられます。

　　　また、平成29年１月１日以後に法定申告期限が到来するものについて修正申告があった場合において、その修正申告のあった日の前日から起算して５年前の日までの間に、その修正申告に係る税目について無申告加算税（調査による更正等を予知してされたものに限ります。）又は重加算税を課されたことがあるときは、重加算税の割合について10％加算することとされています。

　　4　納期限の翌日から起算して２か月を経過する日までの期間については「7.3％」又は「延滞税特例基準割合＋１％」のいずれか低い割合、納期限の翌日から２月を

経過する日の翌日以後については「14.6％」と「延滞税特例基準割合＋7.3％」のいずれか低い割合の延滞税が課せられます。

更正、決定に不服がある場合

更正、決定などに不服がある場合は、救済の途が開かれています（通則法75〜116）。

更正、決定等に不服がある場合の救済手段やその期限は次のとおりです。

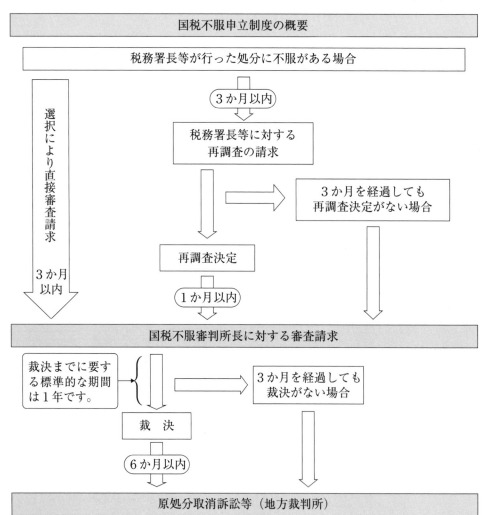

国税不服申立制度の概要

税務署長等が行った処分に不服がある場合

3か月以内

税務署長等に対する
再調査の請求

3か月を経過しても
再調査決定がない場合

再調査決定

1か月以内

選択により直接審査請求

3か月以内

国税不服審判所長に対する審査請求

裁決までに要する標準的な期間は1年です。

3か月を経過しても
裁決がない場合

裁決

6か月以内

原処分取消訴訟等（地方裁判所）

消費税とはどのような仕組みの税か

消費税は、消費に広く薄く負担を求める税であり、その税金分は流通の各段階で転嫁され、最終的には、消費者に負担を求める税です。

1 課税の対象は

国内において事業者が事業として対価を得て行う資産の譲渡、資産の貸付け及び役務の提供が消費税の課税の対象となります（消法4）。

したがって、商品の販売や自動車等のレンタル、印刷、運送等のサービスの提供など、対価を得て行う取引のほとんどが課税の対象になります。

2 納税義務者は

課税の対象となる取引を行う法人は、消費税の納税義務者となりますが、基準期間（1年決算の法人の場合は前々事業年度）における課税売上高及び特定期間（原則として前事業年度開始の日以後6か月の期間）における課税売上高等が1,000万円以下の事業者（免税事業者）は、その事業年度の納税義務が免除されます（消法9①、9の2①）。

なお、特定期間における課税売上高の判定は、給与等支払額の合計額によることもできます。

ただし、適格請求書発行事業者（240ページ参照）になると、登録の効力が失われない限り、上記のような場合にも納税義務は免除されず、申告が必要になります。

課税事業者となることを選択する旨の届出書を提出した場合には、納税義務者となることができます（消法5、9④）。

新たに設立された法人については、設立 1 期目は特定期間がないこととなりますので、原則として 1 期目は免税事業者となりますが、その事業年度開始の日における資本金の額又は出資の金額が1,000万円以上である法人については、その新設法人の特定期間がない事業年度における課税資産の譲渡等についての納税義務は免除されません（消法12の 2 ）。

　また、特定新規設立法人（注）に該当する場合にも納税義務は免除されません（消法12の 3 ）。

（注）　次のいずれにも該当する法人をいいます。
　①　その基準期間がない事業年度開始の日において、他の者により当該新規設立法人の株式等の50%超を直接又は間接に保有される場合など、他の者により当該新規設立法人が支配される一定の場合（特定要件）に該当すること
　②　上記①の特定要件に該当するかどうかの判定の基礎となった他の者及び当該他の者と一定の特殊な関係にある法人のうち、いずれかの者（判定対象者）の当該新規設立法人の当該事業年度の基準期間に相当する期間（基準期間相当期間）における課税売上高が 5 億円を超えていること

　このほか、課税事業者が、簡易課税制度の適用を受けない課税期間中に高額特定資産（一の取引単位につき、課税仕入れに係る支払対価の額（税抜き）が1,000万円以上の棚卸資産又は調整対象固定資産）の仕入れ等を行った場合には、当該高額特定資産の仕入れ等の日の属する課税期間の翌課税期間から、当該高額特定資産の仕入れ等の日の属する課税期間の初日以後 3 年を経過する日の属する課税期間までの各課税期間は納税義務が免除されません（消法12の 4 ）。

3 非課税となる取引は

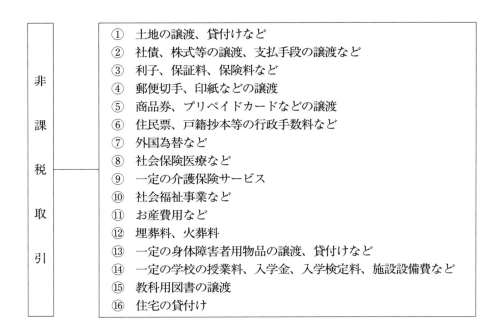

非課税取引
① 土地の譲渡、貸付けなど
② 社債、株式等の譲渡、支払手段の譲渡など
③ 利子、保証料、保険料など
④ 郵便切手、印紙などの譲渡
⑤ 商品券、プリペイドカードなどの譲渡
⑥ 住民票、戸籍抄本等の行政手数料など
⑦ 外国為替など
⑧ 社会保険医療など
⑨ 一定の介護保険サービス
⑩ 社会福祉事業など
⑪ お産費用など
⑫ 埋葬料、火葬料
⑬ 一定の身体障害者用物品の譲渡、貸付けなど
⑭ 一定の学校の授業料、入学金、入学検定料、施設設備費など
⑮ 教科用図書の譲渡
⑯ 住宅の貸付け

4 免税となる取引は

課税事業者が輸出取引を行った場合や国際通信、国際輸送等のいわゆる輸出類似取引を行った場合には、消費税が免除されます（消法7）。

5 課税標準は

消費税の課税標準は、課税の対象となる取引の対価の額です（消費税及び地方消費税の額を除き、酒税、揮発油税等の個別消費税額（特定のものを除きます。）を含みます。）。

なお、法人が資産をその役員に対して著しく低い対価により譲渡した場合又は贈与した場合には、その譲渡又は贈与の時における資産の価額（時価）に相当する額が課税標準になります（消法28）。

6 税率は

消費税の税率は次のとおりです。

適用開始日 区分	平成元年 4月1日	平成9年 4月1日	平成26年 4月1日	令和元年10月1日	
				標準税率	軽減税率（※）
消費税率	3.0%	4.0%	6.3%	7.8%	6.24%
地方消費税率	―	1.0%	1.7%	2.2%	1.76%
合計	3.0%	5.0%	8.0%	10.0%	8.0%

※　軽減税率の対象品目は、①酒類・外食を除く飲食料品、②週2回以上発行される新聞
（定期購読契約に基づくもの）です。

7　納付税額の計算方法は

　　消費税の納付税額は、次の(1)の計算方法により行いますが、簡易課税制度を選択することにより、課税事業者の基準期間における課税売上高（その売上げに係る対価の返還等の金額がある場合には、その金額を控除した後の金額）が5,000万円以下である場合には、次の(2)の方法で納付する消費税額を計算することができます（簡易課税制度を選択している場合であっても基準期間における課税売上高が5,000万円を超える場合には、(1)の方法によることとなります。）（消法30、37）。

(1)　原則（簡易課税制度によらない場合）

　イ　課税売上高が5億円以下、かつ、課税売上割合が95％以上の場合

　　　その課税期間における課税売上高（その売上げに係る対価の返還等の金額がある場合には、その金額を控除した後の金額）が5億円以下、かつ、課税売上割合が95％以上の場合には、課税仕入れ等に係る消費税額は全額控除できますので、納付する消費税額は、課税期間の課税標準額に対する消費税額から課税仕入れ等に係る消費税額を控除した金額になります。

納付する 消費税額	＝	課税標準額に対 する消費税額	－	課税仕入れ等に 係る消費税額

　《課税売上割合とは》

　　次の算式により計算した割合をいいます。

$$課税売上割合 \quad = \quad \frac{課税売上高+免税売上高}{課税売上高+非課税売上高+免税売上高}$$

《課税仕入れとは》

　商品の仕入れのほか、機械等の事業用資産の購入又は賃借、事務用品の購入、賃加工や運送等のサービスの提供を受けることなどをいいます。

　なお、消費税法では、所得税法や法人税法のように費用収益対応の原則という考え方は採られていませんから、課税仕入れ等に係る消費税額は、その課税仕入れを行った課税期間において全額控除の対象となります。

ロ　課税売上高が5億円超又は課税売上割合が95％未満の場合

　その課税期間における課税売上高（その売上げに係る対価の返還等の金額がある場合には、その金額を控除した後の金額）が5億円超又は課税売上割合が95％未満の場合には、課税仕入れ等に係る消費税額のうち課税売上げに対応する部分の消費税額のみが控除されます。

　したがって、この場合には、次の個別対応方式か一括比例配分方式のいずれかの方法により、「控除する消費税額」を算出し、この税額を課税標準額に対する消費税額から控除して納付する消費税額を算出します。

㈠　個別対応方式

　課税期間における課税仕入れ等に係る消費税額を、

A　課税売上げにのみ要するもの（例：商品仕入などの代金の消費税額）

B　非課税売上にのみ要するもの（例：土地売却手数料などの消費税額）

C　A及びBに共通して要するもの（例：課税売上げと非課税売上げのある事務所の電気代、水道代などの消費税額）

に区分した上、次の算式により計算した消費税額を課税標準額に対する消費税額から控除します。

控除する消費税額＝Aの消費税額＋（Cの消費税額×課税売上割合）

（ロ） 一括比例配分方式

　　　課税期間の課税仕入れに係る消費税額に課税売上割合を乗じて計算した金額を課税標準額に対する消費税額から控除します。

控除する消費税額＝課税仕入れ等に係る消費税額×課税売上割合

（注）　個別対応方式と一括比例配分方式とのいずれの方法によるかは法人の選択によりますが、一括比例配分方式を選択して適用した事業者は、2年間以上継続して適用した後でなければ個別対応方式への変更はできません（消法30⑤）。

ポイント

○　仕入税額控除の適用を受けるためには、課税仕入れ等の事実を記録した帳簿及び適格請求書等を保存しなければなりません。

○　適格請求書とは、「売手が、買手に対し正確な適用税率や消費税額等を伝えるための手段」であり、一定の事項が記載された請求書や納品書、領収書、レシートその他これらに類する書類をいいます。

　　なお、その書類の様式や名称は問いません。

　　適格請求書を交付することができるのは、税務署長の登録を受けた「適格請求書発行事業者」に限られます。この登録は、課税事業者であれば受けることができます。

○　適格請求書等保存方式の開始後は、免税事業者や消費者など、適格請求書発行事業者以外の者から行った課税仕入れに係る消費税額を控除することができなくなります。

　　ただし、区分記載請求書等と同様の事項が記載された請求書等を保存し、帳簿にこの経過措置の規定の適用を受ける旨が記載されている場合には、令和5年10月からの3年間は、仕入税額相当額の80%、令和8年10月からの3年間は、仕入税額相当額の50%を仕入税額として控除することができる経過措置が設けられています。

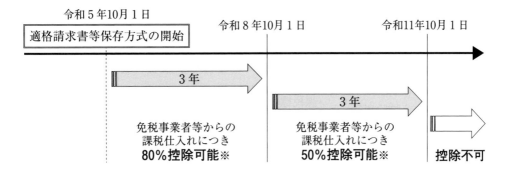

令和5年10月1日
適格請求書等保存方式の開始

令和8年10月1日

令和11年10月1日

3年

免税事業者等からの
課税仕入れにつき
80%控除可能※

3年

免税事業者等からの
課税仕入れにつき
50%控除可能※

控除不可

※　この経過措置による仕入税額控除の適用に当たっては、免税事業者等から受領する
区分記載請求書と同様の事項が記載された請求書等の保存とこの経過措置の適用を受
ける旨（80%控除・50%控除の特例を受ける課税仕入れである旨）を記載した帳簿の
保存が必要です。

(2) 簡易課税制度を適用する場合

基準期間における課税売上高が5,000万円以下の課税事業者が、簡易課税
制度を選択する旨の届出書を提出した場合には、課税売上高を次の事業に区
分した上で、その課税期間の課税標準額に対する消費税額にそれぞれ次のみ
なし仕入率を乗じた金額を仕入れに係る消費税額とみなして課税標準額に対
する消費税額から控除することができます（消法37）。

事　業　の　種　類		みなし仕入率
卸　売　業	購入した商品を性質、形状を変更しないで、他の事業者に販売する事業をいいます。	90% （第一種）
小　売　業	購入した商品を性質、形状を変更しないで、消費者に販売する事業をいいます。 なお、製造小売業は第三種事業になります。	80% （第二種）
製 造 業 等	農業、林業、漁業（※）、鉱業、採石業、砂利採取業、建設業、製造業、製造小売業、電気業、ガス業、熱供給業、水道業をいいます。 なお、加工賃等の料金を受け取って役務を提供する事業は第四種事業になります。	70% （第三種）
その他事業	飲食店業、その他の事業	60% （第四種）
	金融業及び保険業	50% （第五種）
サービス業等	運輸通信業、サービス業（飲食店業を除きます。）	
	不動産業	40% （第六種）

※ 「農業・林業・漁業」のうち、「飲食料品の譲渡」に係る事業区分は第二種事業となります。

イ　各種事業のうち1種類の事業のみを営む事業者の場合

$$
仕入控除税額 = \left(\begin{array}{c} 課税標準額に対 \\ する消費税額 \end{array} - \begin{array}{c} 売上げに係る対価の返還 \\ 等の金額に係る消費税額 \end{array} \right) \times \begin{array}{c} みなし \\ 仕入率 \end{array}
$$

ロ　各種事業のうち2種類以上の事業を営む事業者の場合の原則的な計算

$$
仕入控除税額 = \left(\begin{array}{c} 課税標準額 \\ に対する \\ 消費税額 \end{array} - \begin{array}{c} 売上げに係る対価の \\ 返還等の金額に係る \\ 消費税額 \end{array} \right) \times
$$

第一種事業に係る×90%消費税額	+	第二種事業に係る×80%消費税額	+	第三種事業に係る×70%消費税額	+	第四種事業に係る×60%消費税額	+	第五種事業に係る×50%消費税額	+	第六種事業に係る×40%消費税額
第一種事業に係る消費税額	+	第二種事業に係る消費税額	+	第三種事業に係る消費税額	+	第四種事業に係る消費税額	+	第五種事業に係る消費税額	+	第六種事業に係る消費税額

（注）　一定の場合は、上記算式中の分子の額をもって仕入控除税額とする方法も認められます。

ハ　各種事業のうち2種類以上の事業を営む事業者の場合の特例による計算（75%ルール）

(イ)　1種類の事業に係る課税売上高が全体の課税売上高の75%以上を占める場合の計算の特例（令57②）

　　75%以上を占める事業のみなし仕入率を全体の課税売上高に対して適用することができます。計算式は次のとおりです。

$$
仕入控除税額 = \left(\begin{array}{c} 課税標準額に対 \\ する消費税額 \end{array} - \begin{array}{c} 売上げに係る対価の \\ 返還等の金額に係る \\ 消費税額 \end{array} \right) \times \begin{array}{c} 75\%以上を占 \\ める事業のみ \\ なし仕入率 \end{array}
$$

(ロ)　2種類の事業に係る課税売上高が全体の課税売上高の75%以上を占める場合の計算の特例（令57③）

　　3種類以上の事業を営む事業者のその課税期間における課税売上高のうちに、特定の2種類の事業の課税売上高が全体の課税売上高の75%以上を占める場合には、その特定の2種類の事業のうち低いみなし仕入率をその2種類の事業以外の事業の課税売上高に対しても適用することが

できます。

（例） 第一種事業と第二種事業の課税売上高の合計額が全体の課税売上
高の75％以上である場合の計算方法は、次の算式となります。

$$
\begin{aligned}
\text{仕入控除税額} = &\left(
\begin{array}{c}
\text{課税標準額に対する} \\
\text{消費税額}
\end{array}
-
\begin{array}{c}
\text{売上げに係る対価の返還} \\
\text{等の金額に係る消費税額}
\end{array}
\right) \\[2mm]
&\times \frac{
\begin{array}{c}
\text{第一種事業に} \\
\text{係る消費税額}
\end{array} \times 90\% +
\left(
\begin{array}{c}
\text{課税売上げに} \\
\text{係る消費税額}
\end{array}
-
\begin{array}{c}
\text{第一種事業に} \\
\text{係る消費税額}
\end{array}
\right) \times 80\%
}{
\text{課税売上げに係る消費税額}
}
\end{aligned}
$$

（注） 一定の場合は、上記算式中の分子の額をもって仕入控除税額とする方法も
認められます。

75％以上の判定をする場合には、非課税売上げ及び免税売上げは除きます。

8 申告・納付の手続は

(1) 確定申告

課税期間の末日の翌日から2か月以内に、納税地の所轄税務署長に確定申
告書を提出し、確定申告書に記載した消費税額を納付します（消法45、49）。

（注）1 確定申告書には、その課税期間中の資産の譲渡等の対価の額及び課税仕入れ等
の税額等に関する明細等を添付しなければなりません。なお、この取扱いは、仮
決算による中間申告書及び還付申告書についても適用されます。

2 消費税の確定申告書を提出する義務がある事業者は、消費税の申告期限までに
地方消費税の確定申告書を消費税の申告書と併せて税務署長に提出し、申告した
地方消費税額を消費税と併せて納付します。

(2) 中間申告

直前の課税期間の確定消費税額（年税額）が4,800万円を超える場合には
1か月毎に年11回、それぞれ直前の課税期間の年税額の12分の1ずつの中間
申告及び納付を行うこととなります（消法42）。

また、直前の課税期間の年税額が400万円を超えて4,800万円以下の場合に
は、3か月毎に年3回、それぞれ直前の課税期間の年税額の4分の1ずつの
中間申告及び納付を、直前の課税期間の年税額が48万円を超えて400万円以
下の場合には、課税期間開始の日以後6か月を経過した日から2か月以内に

年1回、直前の課税期間の年税額の2分の1の中間申告及び納付をすることとなります。

　各中間申告及び納付の期限は、原則として各中間申告対象期間の末日の翌日から2か月以内となります。

　なお、直前の課税期間の年税額が48万円以下の事業者が、任意に中間申告書（年1回）を提出する旨を記載した届出書を提出した場合には、自主的に中間申告及び納付することができます。

ポイント

○　中間申告は、①直前の課税期間の実績による中間申告と②仮決算に基づく中間申告があり、いずれかを選択することができます。

○　法人税の確定申告書の提出期限の延長の特例を受けている法人について、消費税の申告期限を1月延長することができます（消法45の2）。

消費税等が課税される取引はどのように経理したらよいか

法人税の課税所得の計算に当たり、法人が行う取引に係る消費税等の経理処理の方式には税込経理方式と税抜経理方式とがあります（平元.3.1直法2−1「2」〜「5」（令5.12.27課法2−37により改正））。

1 経理方式は

区分 ＼ 方式	税 込 経 理	税 抜 経 理
経 理 方 法	消費税等の額を、売上、仕入等の損益勘定にそのまま含めて経理する方法	消費税等の額を、仮受消費税、仮払消費税等の仮勘定を用いて経理する方法
特 徴	○税抜計算の手数を省ける ○消費税等の額が損益勘定を通過するため所得計算に影響します ○決算に際し、調整を要しません	○税抜計算を必要とします ○消費税等の額が仮勘定を通過することから所得計算に影響しません ○決算に際し、仮勘定の清算等所要の調整を要します

（注） 一定の要件に従って、両方式の併用も認められます。

2 経理処理の具体例 （標準税率の場合）

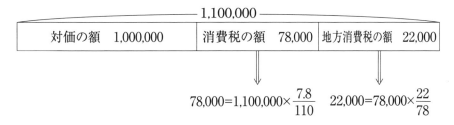

	1,100,000	
対価の額 1,000,000	消費税の額 78,000	地方消費税の額 22,000

$$78,000 = 1,100,000 \times \frac{7.8}{110} \qquad 22,000 = 78,000 \times \frac{22}{78}$$

〈仕訳例1〉

商品を1,100,000円（消費税等相当額を含む。）で販売し、代金は掛とした。

税 込 経 理	税 抜 経 理
売掛金 1,100,000／売 上 1,100,000	売掛金 1,100,000／売 上 1,000,000 ／仮受消費税等 100,000

〈仕訳例2〉

商品を1,100,000円（消費税等相当額を含む。）で仕入れ、代金は掛とした。

税　込　経　理	税　抜　経　理
仕　入　1,100,000／買掛金　1,100,000	仕　入　1,000,000／買掛金　1,100,000 仮払消費税等　100,000／

〈仕訳例3〉

車両を2,200,000円（消費税等相当額を含む。）で購入し、その際帳簿価額300,000円の車両を550,000円（消費税等相当額を含む。）で下取りさせ残額1,650,000円を支払った。

税　込　経　理	税　抜　経　理
車両　2,200,000／現・預　金 1,650,000 　　　　　　／車　　　　両　　300,000 　　　　　　／固定資産売却益　250,000	車　両　2,000,000／現・預　金 1,650,000 仮払消費税等　200,000／車　　　　両　　300,000 　　　　　　／固定資産売却益　200,000 　　　　　　／仮受消費税等　　50,000

(注)　車両を下取りさせた場合にも消費税等の課税対象となります。

○　税抜経理は、原則として取引の都度行うものですが、事業年度終了の際、一括して処理する方法も認められます。

○　免税事業者となる期間は、税込経理方式によることとなります。

消費税等に関連して決算調整は必要か

税抜経理方式を適用している場合には、仮勘定を用いて経理処理していますので決算に際し、仮勘定の清算が必要となります（平元.3.1直法2－1「6」、「7」、「8」、「13」及び「14」（令5.12.27課法2－37により改正））。

1 決算調整

〈設例〉 税抜経理方式を適用している場合（税率10％）

○仮受消費税等 3,000,000円（内地方消費税660,000円）

○仮払消費税等 2,000,000円（内 〃 440,000円）

○課税売上割合 100％

○小売業（みなし仕入率80％）

原則課税の場合

| 仮受消費税等 3,000,000 | 仮払消費税等 2,000,000 |
| | 未払消費税等 1,000,000 |

簡易課税の場合

仮受消費税等 3,000,000	仮払消費税等 2,000,000
	未払消費税等 600,000
	雑 益 400,000

$$2,340,000 - (2,340,000 \times 80\%) = 468,000$$

$$468,000 + 468,000 \times \frac{22}{78} = 600,000$$

2 控除対象外消費税額等の処理は

税抜経理方式を適用し、課税売上割合が95％未満又はその課税期間における課税売上高が5億円超の場合には、仮払消費税等の額の一部が仕入税額控除として認められないため、控除対象外消費税額等として、決算の際、仮勘定にそ

のまま残ることになります。この控除対象外消費税額等については下表のような処理が必要になります（令139の4）。

控除対象外消費税額等	資産に係るもの	課税売上割合が80%以上である場合のもの	損金経理を要件として損金の額に算入
		一の資産に係るものの金額が20万円未満のもの	
		特定課税仕入れに係るもの（注）	
		棚卸資産に係るもの	
		繰延消費税額等（上記のもので、損金経理による損金算入を行わなかったものを含みます。）	5年以上の期間で損金経理 次の計算式により損金の額に算入 ① 繰延消費税額等の生じた事業年度 $\text{控除対象外消費税額} \times \dfrac{\text{当期の月数}}{60} \times \dfrac{1}{2}$ ② その後の事業年度 $\text{控除対象外消費税額} \times \dfrac{\text{当期の月数}}{60}$
	経　費　に　係　る　も　の		損金の額に算入 ただし、交際費等に係るものは、損金不算入の規定の適用がある

（注）　特定課税仕入れとは、課税仕入れのうち、事業として他の者から受けた事業者向け電気通信利用役務の提供及び特定役務の提供をいいます（消法2①八の二、4①、5①）。

〈設例〉　初年度における控除対象外消費税額等の処理
　　　　　○仮受消費税等　　　　　　　　　3,000,000円（内地方消費税660,000円）
　　　　　○仮払消費税等（課税取引及び非課税取引に共通して使用される
　　　　　　固定資産の取得に係るもの）　2,000,000円（内地方消費税440,000円）
　　　　　○課税売上割合　　　　　　　　　50%

3　税込経理方式の場合は

　納付すべき又は還付を受けるべき消費税等の額は、次の区分に従い、それぞれの日の属する事業年度の損金（又は益金）の額に算入することとなります。

区　分	納付すべき消費税等の額	還付される消費税等の額
原　則	納税申告書の提出日又は更正・決定があった日	納税申告書の提出日又は更正があった日
特　例	損金経理により未払金に計上した日	収益の額として未収入金に計上した日

消費税の取扱い

その他消費税等に関連する法人税の取扱いは

その他法人税の課税所得の計算に当たり、いくつかの取扱いが定められています（平元.3.1直法2－1「9」～「12」（令5.12.27課法2－37により改正））。

消費税の経理処理別の法人税法上の取引価額等は

　　消費税の経理処理の方法に応じて、法人税法上の取扱いは次のとおり定められています。

項　　目 ＼ 経理方式	税 抜 経 理 方 式	税 込 経 理 方 式
少額減価償却資産の判定の場合の取得価額	税抜額によって取得価額又は支出金額等の判定等を行います。	税込額によって取得価額又は支出金額等の判定等を行います。
一括償却資産の判定の場合の取得価額		
少額繰延資産の判定の場合の支出金額		
特別償却等の金額基準、資産の評価損益等の場合の資産の価額		
交際費等の範囲から除かれる飲食等のために要する費用の額		
寄附金とされる資産の贈与又は低額譲渡の場合の資産の価額		
寄附金とされる経済的な利益の価額	売上げ等の収益に係る取引につき適用している方式によります。	
交際費等の額	消費税等の金額を除いた額になります。ただし、控除対象外消費税額等に相当する額（特定課税仕入れに係る金額は除きます。）は含めます。	税込額により損金不算入額の計算をします。

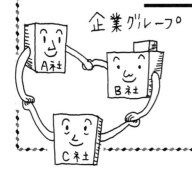

グループ通算制度（連結納税制度）

連結納税制度から グループ通算制度へ

企業グループ

令和2年3月に公布された所得税法等の一部を改正する法律（令和2年法律第8号）により連結納税制度が見直され、グループ通算制度へ移行されました。

1　連結納税制度とグループ通算制度

(1)　連結納税制度の見直し

　　連結納税制度とは、親法人とその親法人による完全支配関係にある全ての子法人で構成されるグループを一の納税単位として、親法人がそのグループの所得（連結所得）の金額等を一の申告書（連結確定申告書）に記載して法人税の申告・納税を行う制度です。

　　令和2年度税制改正により、連結納税制度はグループ通算制度へ移行され、令和4年4月1日以後に開始する事業年度から適用されています。

(2)　グループ通算制度

　　グループ通算制度とは、完全支配関係にある企業グループ内の各法人を納税単位として、各法人が個別に法人税額の計算及び申告を行い、その中で、損益通算等の調整を行う制度です。併せて、後発的に修更正事由が生じた場合には、原則として他の法人の税額計算に反映させない（遮断する）仕組みとされており、また、グループ通算制度の開始・加入時の時価評価課税及び欠損金の持込み等について組織再編税制と整合性の取れた制度とされています。

【グループ通算制度のイメージ】

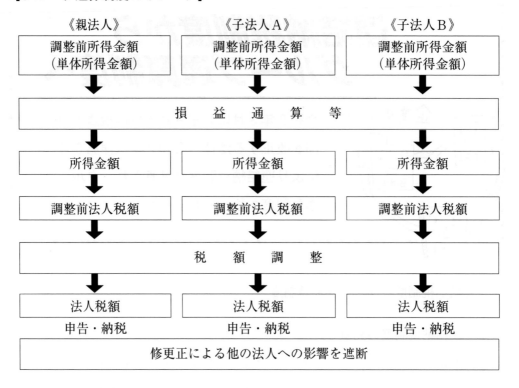

2　グループ通算制度の適用法人

　　グループ通算制度の適用を受けようとする場合には、「内国法人及びその内国法人との間にその内国法人による完全支配関係がある他の内国法人」の全てが国税庁長官の承認を受けなければならないこととされており、適用対象となる法人は、下記(1)の親法人及びその親法人との間にその親法人による完全支配関係がある下記(2)の子法人に限られます（法64の9①）。

（注）　グループ通算制度における「完全支配関係」は、完全支配関係（法2十二の七の六）のうち下記(1)③～⑦までの法人及び外国法人が介在しない一定の関係に限ります。

⑴　親法人

　　普通法人又は協同組合等のうち、次の①～⑥までの法人及び⑥に類する一定の法人のいずれにも該当しない法人をいいます。

---

①　清算中の法人

②　普通法人（外国法人を除きます。）又は協同組合等との間にその普通

法人又は協同組合等による完全支配関係がある法人

③　通算承認の取りやめの承認を受けた法人でその承認日の属する事業年度終了後5年を経過する日の属する事業年度終了の日を経過していない法人

④　青色申告の承認の取消通知を受けた法人でその通知後5年を経過する日の属する事業年度終了の日を経過していない法人

⑤　青色申告の取りやめの届出書を提出した法人でその提出後1年を経過する日の属する事業年度終了の日を経過していない法人

⑥　投資法人、特定目的会社

⑦　その他一定の法人（普通法人以外の法人、破産手続開始の決定を受けた法人等）

(2)　子法人

親法人との間にその親法人による完全支配関係がある他の内国法人のうち上記(1)③〜⑦までの法人以外の法人をいいます。

3　グループ通算制度の適用方法

(1)　申請

親法人及び子法人が、通算承認を受けようとする場合には、原則として、その親法人のグループ通算制度の適用を受けようとする最初の事業年度開始の日の3月前の日までに、その親法人及び子法人の全ての連名で、承認申請書をその親法人の納税地の所轄税務署長を経由して、国税庁長官に提出する必要があります（法64の9②）。

(注)　「通算承認」とは、グループ通算制度の適用に係る国税庁長官の承認をいいます。

(2)　承認（みなし承認）

上記(1)のグループ通算制度の適用を受けようとする最初の事業年度開始の日の前日までにその申請についての通算承認又は却下の処分がなかったときは、その親法人及び子法人の全てについて、その開始の日においてその通算承認があったものとみなされ、同日からその効力が生じます（法64の9⑤⑥）。

(3) グループ通算制度の取りやめ等

　　通算法人は、やむを得ない事情があるときは、国税庁長官の承認を受けてグループ通算制度の適用を受けることをやめることができます。この取りやめの承認を受けた場合には、その承認を受けた日の属する事業年度終了の日の翌日から、通算承認の効力は失われます（法64の10①～④）。

　　また、通算親法人の解散等の一定の事実（法64の10⑥各号）が生じた場合のほか、青色申告の承認の取消しの通知を受けた場合においても、通算承認の効力は失われます（法64の10⑤、法127①～④）。

　　なお、通算法人は、自ら青色申告を取りやめることはできません（法128）。

(注) 1　「通算法人」とは、通算親法人及び通算子法人をいいます（法2十二の七の二）。

　　　2　「通算子法人」とは、上記2(2)の子法人であって通算承認を受けた法人をいいます（法2十二の七）。

(4) 経過措置

　イ　連結納税制度の承認を受けている法人については、原則として、令和4年4月1日以後最初に開始する事業年度の開始の日において、通算承認があったものとみなされ、同日からその効力が生じます（令2改正法附則29①）。また、その法人が青色申告の承認を受けていない場合には、同日において青色申告の承認があったものとみなされます（法125②）。

　ロ　連結法人は、その連結法人に係る連結親法人が令和4年4月1日以後最初に開始する事業年度開始の日の前日までに税務署長に届出書を提出することにより、グループ通算制度を適用しない法人となることができます（令2改正法附則29②）。

4　グループ通算制度における事業年度

(1) 通算子法人の事業年度の特例

　　通算子法人でその通算子法人に係る通算親法人の事業年度開始の時にその通算親法人との間に通算完全支配関係がある通算子法人の事業年度は、その開始の日に開始するものとされ、通算子法人でその通算子法人に係るその通算親法人の事業年度終了の時にその通算親法人との間に通算完全支配関係が

ある通算子法人の事業年度は、その終了の日に終了するものとされます（法14③）。また、通算子法人である期間については、その通算子法人の会計期間等による事業年度で区切られません（法14⑦）。このため、通算親法人の事業年度と同じ期間がその通算子法人の事業年度となります。

(注)　「通算完全支配関係」とは、通算親法人と通算子法人との間の完全支配関係又は通算親法人との間に完全支配関係がある通算子法人相互の関係をいいます（法２十二の七の七）。

(2)　**通算子法人のグループ通算制度への加入・離脱に係る事業年度の特例**

次の事実が生じた場合には、その事実が生じた内国法人の事業年度は、それぞれ次に定める日の前日に終了し、これに続く事業年度は、下記ロの内国法人の合併による解散又は残余財産の確定に基因して下記ロの事実が生じた場合を除き、それぞれ次に定める日から開始するものとされます（法14④）。

イ　内国法人が通算親法人との間にその通算親法人による完全支配関係を有することとなったこと　その有することとなった日

ロ　内国法人が通算親法人との間にその通算親法人による通算完全支配関係を有しなくなったこと　その有しなくなった日

(3)　**加入時期の特例**

内国法人が、通算親法人との間にその通算親法人による完全支配関係を有することとなり、又は親法人の法人税法第64条の９第９項に規定する申請特例年度の期間内にその親法人との間にその親法人による完全支配関係を有することとなった場合において、その内国法人が加入時期の特例の適用がないものとした場合に加入日の前日の属する事業年度に係る確定申告書の提出期限となる日までに、その通算親法人又は親法人が加入時期の特例の適用を受ける旨の届出書を納税地の所轄税務署長に提出したときは、上記(2)イ及び法人税法第14条第５項第２号等の適用については、次の場合の区分に応じ、それぞれ次のとおりとされています（法14⑧）。

イ　その加入日からその加入日の前日の属する特例決算期間の末日まで継続してその内国法人とその通算親法人等との間にその通算親法人等による完全支配関係がある場合　その加入日の前日の属する特例決算期間の末日の

翌日をもって上記(2)イ及び法人税法第14条第5項第2号に定める日とされます。

ロ 上記イの場合以外の場合 特例決算期間の中途において、その通算親法人等との間にその通算親法人等による完全支配関係を有しないこととなった内国法人は、通算子法人とはならず、その内国法人の会計期間等による事業年度となります。

5 グループ通算制度における申告・納付等

(1) 個別申告方式

グループ通算制度においては、その適用を受ける通算グループ内の各通算法人を納税単位として、その各通算法人が個別に法人税額の計算及び申告を行います（法74等）。

(2) e-Tax による申告

通算法人は、事業年度開始の時における資本金の額又は出資金の額が1億円以下であるか否かにかかわらず、e-Tax を使用する方法により納税申告書を提出する必要があります（法75の4①②）。

これに際し、通算親法人が、通算子法人の法人税の申告に関する事項の処理として、その通算親法人の電子署名をして e-Tax により提供した場合には、その通算子法人が e-Tax による申告の規定により提出したものとみなされます（法150の3①②）。

(3) 連帯納付の責任

通算法人は、他の通算法人の各事業年度の法人税（その通算法人と当該他の通算法人との間に通算完全支配関係がある期間内に納税義務が成立したものに限ります。）について、連帯納付の責任を負います（法152①）。

(4) 経過措置

上記3(4)イにより通算承認があったものとみなされた連結親法人が、連結確定申告書の提出期限の延長特例及び延長期間の指定（旧法81の24①）の規定の適用を受けている場合には、グループ通算制度へ移行するグループ内の全ての通算法人について、延長特例の適用及び延長期間の指定を受けたもの

とみなされます（令2改正法附則34①②）。

6 グループ通算制度における所得金額及び法人税額の計算

【損益通算及び欠損金の損金算入の順序のイメージ】

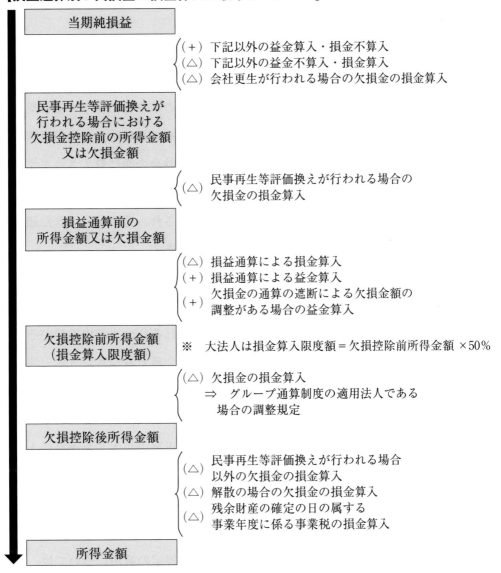

当期純損益

（＋）下記以外の益金算入・損金不算入
（△）下記以外の益金不算入・損金算入
（△）会社更生が行われる場合の欠損金の損金算入

民事再生等評価換えが
行われる場合における
欠損金控除前の所得金額
又は欠損金額

（△）民事再生等評価換えが行われる場合の
　　　欠損金の損金算入

損益通算前の
所得金額又は欠損金額

（△）損益通算による損金算入
（＋）損益通算による益金算入
（＋）欠損金の通算の遮断による欠損金額の
　　　調整がある場合の益金算入

欠損控除前所得金額
（損金算入限度額）

※　大法人は損金算入限度額＝欠損控除前所得金額 ×50%

（△）欠損金の損金算入
　　⇒　グループ通算制度の適用法人である
　　　　場合の調整規定

欠損控除後所得金額

（△）民事再生等評価換えが行われる場合
　　　以外の欠損金の損金算入
（△）解散の場合の欠損金の損金算入
（△）残余財産の確定の日の属する
　　　事業年度に係る事業税の損金算入

所得金額

(1) 損益通算

　イ　所得事業年度の損益通算による損金算入

　　　通算法人の所得事業年度終了の日（基準日）において、その通算法人と

　　の間に通算完全支配関係がある他の通算法人の基準日に終了する事業年度

において通算前欠損金額が生ずる場合には、その通算法人の所得事業年度の通算対象欠損金額は、その所得事業年度の損金の額に算入されます（法64の5①）。すなわち、通算グループ内の欠損法人の欠損金額の合計額が、所得法人の所得の金額の比で配分され、その配分された通算対象欠損金額が所得法人の損金の額に算入されます。

ロ　欠損事業年度の損益通算による益金算入

通算法人の欠損事業年度終了の日（基準日）において、その通算法人との間に通算完全支配関係がある他の通算法人の基準日に終了する事業年度において通算前所得金額が生ずる場合には、その通算法人の欠損事業年度の通算対象所得金額は、その欠損事業年度の益金の額に算入されます（法64の5③）。すなわち、上記イで損金算入された金額の合計額と同額の所得の金額が、欠損法人の欠損金額の比で配分され、その配分された通算対象所得金額が欠損法人の益金の額に算入されます。

ハ　損益通算の遮断措置

上記イ又はロの場合において、通算事業年度の通算前所得金額又は通算前欠損金額が当初申告額と異なるときは、それぞれの当初申告額がその通算事業年度の通算前所得金額又は通算前欠損金額とみなされます（法64の5⑤）。すなわち、通算グループ内の一法人に修更正事由が生じた場合には、損益通算に用いる通算前所得金額及び通算前欠損金額を当初申告額に固定することにより、原則として、その修更正事由が生じた通算法人以外の他の通算法人への影響を遮断し、その修更正事由が生じた通算法人の申告のみが是正されます。

(2)　**欠損金の通算**

通算法人に係る欠損金の繰越し（法57①）の規定の適用については、次のイ及びロ等の一定の調整を行う必要があります（法64の7）。

イ　欠損金の繰越控除額の計算

(イ)　各通算法人の10年内事業年度の欠損金額の配分

通算法人の適用事業年度開始の日前10年以内に開始した各事業年度において生じた欠損金額は、特定欠損金額と非特定欠損金額の合計額とさ

れます（法64の7①二）。非特定欠損金額は、通算グループ全体の非特定欠損金額の合計額が、過年度において損金算入された欠損金額及び特定欠損金額を控除した後の損金算入限度額の比で配分されます。

(ロ)　各通算法人の欠損金額の損金算入限度額等の計算

　　各通算法人の繰越控除額は、それぞれ次の金額が限度とされます（法64の7①三）。

A　特定欠損金額　各通算法人の損金算入限度額の合計額を各通算法人の特定欠損金額のうち欠損控除前所得金額に達するまでの金額の比で配分した金額

B　非特定欠損金額　各通算法人の特定欠損金額の繰越控除後の損金算入限度額の合計額を各通算法人の上記(イ)による配分後の非特定欠損金額の比で配分した金額

　　また、適用事業年度後の事業年度の繰越欠損金額から除かれる過年度において損金算入された欠損金額は、上記(イ)による配分前の欠損金額を基に計算された金額とされます（法64の7①四）。

ロ　欠損金の通算の遮断措置

(イ)　他の通算法人の修更正による影響の遮断

　　上記イの場合において、通算法人の適用事業年度終了の日に終了する他の通算法人の事業年度の損金算入限度額又は過年度の欠損金額等が当初申告額と異なるときは、それらの当初申告額が当該他の事業年度の損金算入限度額又は過年度の欠損金額等とみなされます（法64の7④）。すなわち、通算グループ内の他の通算法人に修更正事由が生じた場合には、欠損金の通算に用いる金額を当初申告額に固定することにより、その通算法人への影響が遮断されます。

(ロ)　通算法人の修更正による損金算入欠損金額の調整

　　上記イの場合において、通算法人の適用事業年度の損金算入限度額又は過年度の欠損金額等が当初申告額と異なるときは、欠損金額及び損金算入限度額（下記7の中小通算法人等である場合を除きます。）で当初の期限内申告において通算グループ内の他の通算法人との間で配分し又

は配分された金額を固定する調整等をした上で、その通算法人のみで欠損金額の損金算入額等が再計算されます（法64の7⑤〜⑦）。

(3) **上記(1)及び(2)における遮断措置の不適用**

期限内申告書を提出した通算事業年度等のいずれかについて修更正事由が生じた場合において、通算事業年度の全ての通算法人について、期限内申告書にその通算事業年度の所得の金額として記載された金額が0又は欠損金額であること等の要件に該当するときは、上記(1)ハ（損益通算の遮断措置）及び(2)ロ（欠損金の通算の遮断措置）は適用されません（法64の5⑥、64の7⑧一）。すなわち、通算グループ全体では所得金額がないにもかかわらず、当初申告額に固定することにより所得金額が発生する法人が生ずることのないようにするため、一定の要件に該当する場合には、損益通算及び欠損金の通算の規定の計算に用いる所得の金額及び欠損金額を当初申告額に固定せずに、通算グループ全体で再計算されます。

また、損益通算及び欠損金の通算の遮断措置の規定の濫用を防止するため、一定の場合には、税務署長は、損益通算及び欠損金の通算の規定の計算に用いる所得の金額及び欠損金額を当初申告額に固定せずに、通算グループ全体で再計算をすることができます（法64の5⑧、64の7⑧二）。

(4) **経過措置**

イ　連結納税制度における連結欠損金個別帰属額は、旧法人税法第57条第6項と同様に各法人の欠損金額とみなされます（令2改正法附則20①）。上記3(4)イ又はロのグループ通算制度を適用する法人又は適用しない法人についても同様です。

ロ　上記イの欠損金額のうち、連結納税制度における特定連結欠損金個別帰属額は、グループ通算制度における特定欠損金額とみなされます（令2改正法附則28③）。

7　グループ通算制度における税率

通算法人の各事業年度の所得の金額に対する法人税の税率は、各通算法人の区分に応じた税率が適用されます。したがって、原則として、普通法人である

通算法人は23.2%、協同組合等である通算法人は19%の税率が適用されます（法66①等）。

　なお、中小通算法人（大通算法人以外の普通法人である通算法人をいいます。以下7において同じです。）の各事業年度の所得の金額のうち軽減対象所得金額以下の金額については、19%の税率が適用されます（法66①⑥）。各中小通算法人の軽減対象所得金額は、一定の場合を除き、年800万円を通算グループ内の所得法人の所得の金額の比で配分した金額とされます（法66⑦⑪）。

　また、中小通算法人に修更正事由が生じた場合には、各中小通算法人の所得の金額の合計額が年800万円以下である場合又は上記6(3)の適用がある場合を除いて、その中小通算法人の所得の金額を当初申告額に固定して計算されます（法66⑧⑨⑪）。

(注)　「大通算法人」とは、通算法人である普通法人又はその普通法人の各事業年度終了の日においてその普通法人との間に通算完全支配関係がある他の通算法人のうち、いずれかの法人がその各事業年度終了の時における資本金の額又は出資金の額が1億円を超える法人等一定の法人に該当する場合におけるその普通法人をいいます。

8　グループ通算制度の適用開始、通算グループへの加入及び通算グループからの離脱

　グループ通算制度の適用開始、通算グループへの加入及び通算グループからの離脱時において、一定の場合には、資産の時価評価課税や欠損金の切捨て等の制限があります。

地方法人税とは
どのような仕組みの税か

法人税を納める義務がある法人は、平成26年10月1日以後に開始する課税事業年度の基準法人税額に一定の税率を乗じて計算した地方法人税を、法人税と同じ時期に申告・納付することとされました。

1 納税義務者は

地方法人税の納税義務者は、法人税の納税義務者と同一とされています（地法法4）。

2 課税事業年度は

地方法人税の課税の対象となる事業年度（以下「課税事業年度」といいます。）は、法人の各事業年度とされています（地法法7）。

3 課税標準法人税額とは

地方法人税の課税標準は、各課税事業年度の課税標準法人税額とされており、各課税事業年度の課税標準法人税額は、各課税事業年度の基準法人税額とされています（地法法9）。

この基準法人税額とは、それぞれ次の法人の区分により、法人税法その他の法人税の税額の計算に関する法令の規定（次の区分表に掲げる規定は計算上除きます。）により計算した法人税の額（附帯税の額を除きます。）をいいます（地法法6）。

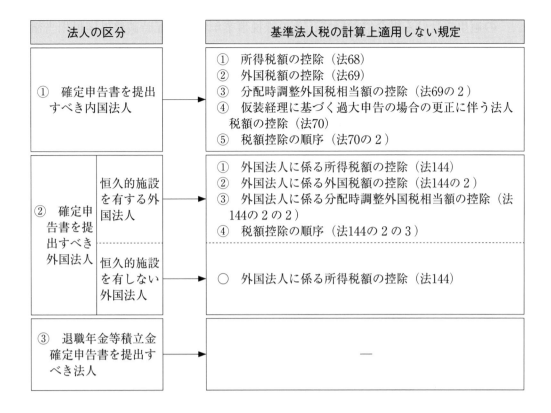

法人の区分		基準法人税の計算上適用しない規定
① 確定申告書を提出すべき内国法人		① 所得税額の控除（法68） ② 外国税額の控除（法69） ③ 分配時調整外国税相当額の控除（法69の2） ④ 仮装経理に基づく過大申告の場合の更正に伴う法人税額の控除（法70） ⑤ 税額控除の順序（法70の2）
② 確定申告書を提出すべき外国法人	恒久的施設を有する外国法人	① 外国法人に係る所得税額の控除（法144） ② 外国法人に係る外国税額の控除（法144の2） ③ 外国法人に係る分配時調整外国税相当額の控除（法144の2の2） ④ 税額控除の順序（法144の2の3）
	恒久的施設を有しない外国法人	○ 外国法人に係る所得税額の控除（法144）
③ 退職年金等積立金確定申告書を提出すべき法人		―

4 税額の計算は

(1) 地方法人税の額

地方法人税の額は、次の算式により計算した金額となります（地法法10）。

> 地方法人税の額＝課税標準法人税額×10.3％（注）

（注） 平成26年10月1日から令和元年9月30日までに開始した事業年度における税率は、4.4％となります。

(2) 外国税額控除

内国法人が各課税事業年度の法人税について、外国税額控除の適用を受ける場合において、控除対象外国法人税の額が法人税の控除限度額を超えるときは、当該課税事業年度の国外所得に対応する地方法人税の額を限度として、その超える金額は、当該課税事業年度の地方法人税の額から控除することになります（地法法12、地法令3）。

(3) 分配時調整外国税相当額の控除

内国法人が各事業年度の法人税について、分配時調整外国税相当額の控除

の適用を受ける場合において、その課税事業年度の分配時調整外国税相当額が基準法人税額を超えるときは、その超える金額をその課税事業年度の所得地方法人税額から控除することになります（地法法12の２、地法令３の２）。

なお、この取扱いは令和２年１月１日以後に支払を受ける集団投資信託の収益の分配に係る分配調整外国税相当額について適用されます（平30改正法附則１六ハ、30、35、40）。

(4) **仮装経理に基づく過大申告の場合の更正に伴う地方法人税額の控除**

内国法人の各課税事業年度開始の日前に開始した課税事業年度の地方法人税について税務署長が更正をした場合において、その更正について地方法人税法第29条第１項《仮装経理に基づく過大申告の場合の更正に伴う地方法人税額の還付の特例》の規定の適用があったときは、その更正に係る同項に規定する仮装経理地方法人税額は、その更正の日以後に終了する各課税事業年度の地方法人税の額から控除することになります（地法法13）。

(5) **税額控除の順序**

上記(2)から(4)による控除については、まず(3)の「分配時調整外国税相当額の控除」、次に(4)の「仮装経理に基づく過大申告の場合の更正に伴う地方法人税額の控除」、そして(2)の「外国税額の控除」をすることになります（地法法14）。

なお、令和４年４月１日前に開始する事業年度については、まず(3)の「分配時調整外国税相当額の控除」、次に(2)の「外国税額の控除」、そして(4)の「仮装経理に基づく過大申告の場合の更正に伴う地方法人税額の控除」をすることになります（旧地法法14、令２改正法附則１五ハ）。

5 申告、納付及び還付

(1) 中間申告

法人税の中間申告書を提出すべき法人は、法人税中間申告書に係る課税事業年度開始の日以後６月を経過した日から２月以内に、税務署長に対し地方法人税中間申告書を提出しなければなりません（地法法16、17）。

なお、地方法人税中間申告書を提出すべき法人がその地方法人税中間申告

書をその提出期限までに提出しなかった場合には、その法人については、その提出期限において、税務署長に対し地方法人税中間申告書の提出があったものとみなされます（地法法18）。

(2) **確定申告**

原則として各課税事業年度終了の日の翌日から2月以内に、税務署長に対し地方法人税確定申告書を提出しなければなりません（地法法19）。

(3) **納付**

地方法人税中間申告書又は地方法人税確定申告書を提出した法人は、地方法人税の額があるときは、これらの申告書の提出期限までに、地方法人税を国に納付する必要があります（地法法20、21）。

(4) **中間納付額の還付**

地方法人税中間申告書を提出した法人がその地方法人税中間申告書に係る課税事業年度の地方法人税確定申告書の提出をした場合において、その地方法人税確定申告書に中間納付額でその課税事業年度の地方法人税の額の計算上地方法人税の額から控除しきれなかった金額の記載があるときは、その金額に相当する中間納付額が還付されます（地法法22の2）。

災害に関する税制上の措置

災害が発生して 被災した場合には

近年災害が頻発していることを踏まえ、平成29年度税制改正により、災害への税制上の対応の規定を常設化することとされ、法人税法においては、次の制度が措置されています。

1 災害損失欠損金の繰戻しによる還付（法80⑤）

災害のあった日から同日以後1年を経過する日までの間に終了する各事業年度又は災害のあった日から同日以後6月を経過する日までの間に終了する中間期間（以下「災害欠損事業年度」といいます。）において生じた災害損失欠損金額がある場合には、その災害欠損事業年度開始の日前1年（青色申告書である場合には、前2年）以内に開始した事業年度（以下「還付所得事業年度」といいます。）の法人税額のうち災害損失欠損金額に対応する部分の金額について、還付を請求することができます（注）（法80⑤）。

また、災害損失の繰戻しによる法人税額の還付が行われる場合には、地方法人税の還付金の額に相当する金額として、法人税の還付金の額の10.3％に相当する金額が併せて還付されることとされています（地法法23①）。

（注） 前期基準額が10万円以下で中間申告を要しない法人であっても、当該中間事業年度において生じた災害損失欠損金額については、仮決算の中間申告書により、災害損失の繰戻しによる法人税の還付を請求することができます（基通17−2−6）。

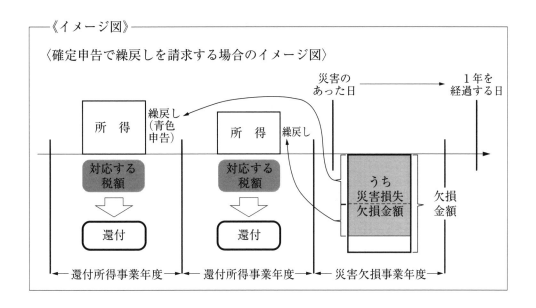

《イメージ図》

〈確定申告で繰戻しを請求する場合のイメージ図〉

法人税の還付額	＝	還付所得事業年度の法人税額	×	災害欠損事業年度の災害損失欠損金額(分母を限度) / 還付所得事業年度の所得金額

2 仮決算による中間申告における所得税額の還付（法72④、78、144の4⑤⑥、144の11）

　災害のあった日から同日以後6月を経過する日までの間に終了する中間期間において生じた災害損失金額がある場合には、仮決算の中間申告において、その中間期間において課される所得税額（復興特別所得税額を含みます。）でその中間期間の法人税額から控除しきれなかった金額（災害損失金額を限度）を還付することとされています（法72④、78、144の4⑤⑥、144の11）。

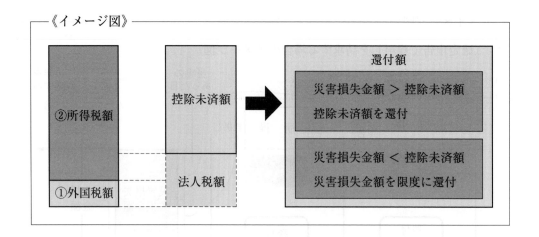

《イメージ図》

②所得税額	控除未済額	還付額
①外国税額	法人税額	災害損失金額 ＞ 控除未済額 控除未済額を還付 災害損失金額 ＜ 控除未済額 災害損失金額を限度に還付

3　中間申告書の提出不要

　国税通則法第11条の規定による申告期限の延長により、中間申告書の提出期限とその中間申告書に係る確定申告書の提出期限とが同一の日となる場合には、その中間申告書の提出を要しないこととされています（法71の２）。

　この制度により中間申告書の提出が不要となる場合には、地方法人税の中間申告書も提出が不要となります（地法法16①）。

（参考資料１）

〈中小企業者の判定等〉

○　資本金の額が１億円以下の普通法人などは、中小企業向けの各措置（法人税の軽減税率の特例措置や、支出した交際費等の額のうち一定の金額を損金の額に算入することができる特例措置等）を適用することができます。

○　この中小企業者の判定等フローは、中小企業向けの各措置の適用がある法人であるかどうかの判定をフロー図等で示したものですので、法人税等の申告に当たって参考としてください。

略語
法…………法人税法（昭40法律第34号）
令…………法人税法施行令（昭40政令第97号）
措置法……租税特別措置法（昭32法律第26号）
措置法令…租税特別措置法施行令（昭32政令第43号）

1　別表一における中小法人の判定

(1)　法人税率の軽減措置

　　法人税額を計算するに当たり、中小法人等（一定の普通法人（中小法人）、一般社団法人等（※一定の特定労働者協同組合を除きます。）、人格のない社団等、公益法人等（一般社団法人等を除きます。）又は協同組合等）に対しては軽減税率が適用されます（法66②③⑤）。

※　特定労働者協同組合のうち当期末における資本金の額又は出資金の額が１億円を超えるものは、法人税率の軽減措置は適用できません。

⇒　普通法人のうち軽減税率が適用される中小法人に該当するかどうかは、次により判定することができます。

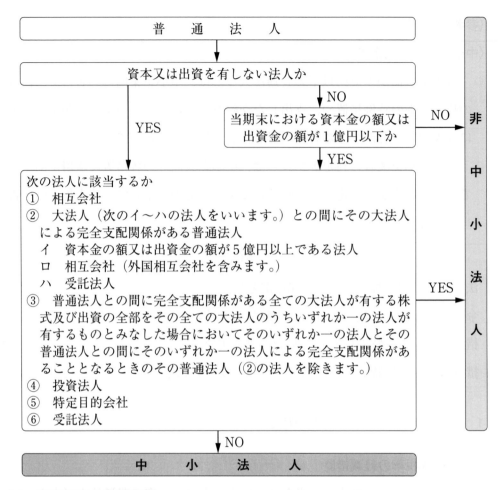

普　通　法　人

資本又は出資を有しない法人か

NO → 当期末における資本金の額又は
出資金の額が1億円以下か → NO → 非 中 小 法 人

YES

YES

次の法人に該当するか
①　相互会社
②　大法人（次のイ〜ハの法人をいいます。）との間にその大法人
　　による完全支配関係がある普通法人
　　イ　資本金の額又は出資金の額が5億円以上である法人
　　ロ　相互会社（外国相互会社を含みます。）
　　ハ　受託法人
③　普通法人との間に完全支配関係がある全ての大法人が有する株
　　式及び出資の全部をその全ての大法人のうちいずれか一の法人が
　　有するものとみなした場合においてそのいずれか一の法人とその
　　普通法人との間にそのいずれか一の法人による完全支配関係があ
　　ることとなるときのその普通法人（②の法人を除きます。）
④　投資法人
⑤　特定目的会社
⑥　受託法人

YES → 非 中 小 法 人

NO

中　小　法　人

⑵　**軽減税率の特例措置**

　　　中小法人等に対しては軽減税率の特例措置（所得金額のうち年800万円以

　下の金額に対する税率：19%→15%）が適用されます。

　　　ただし、適用除外事業者に該当する場合には、軽減税率の特例措置が適用

　されません（措置法42の3の2）。適用除外事業者の判定については、277ペ

　ージの「7　適用除外事業者の判定」を参照してください。

2　別表二及び三㈠における特定同族会社の判定

　⇒　特定同族会社に該当するかどうかは、次により判定することができます

　　（法67①②）。

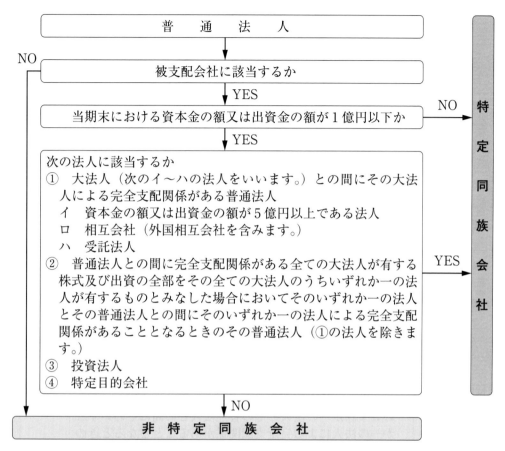

（注）1　適用除外事業者の判定は必要ありません。

　　　2　被支配会社とは、会社（投資法人を含みます。）の株主等（その会社が自己の株式又は出資を有する場合のその会社を除きます。）の１人並びにこれと特殊の関係のある個人及び法人がその会社の発行済株式又は出資（その会社が有する自己の株式又は出資を除きます。）の総数又は総額の100分の50を超える数又は金額の株式又は出資を有する場合等におけるその会社をいいます（法67②、令139の７）。

　　　なお、被支配会社で、被支配会社であることについての判定の基礎となった株主等のうちに被支配会社でない法人がある場合には、その法人をその判定の基礎となる株主等から除外して判定しても被支配会社に該当するものをいいます（法67①）。

3　別表七(一)における中小法人等の判定

　中小法人等に該当する場合、欠損金額の控除限度額は控除前所得金額となります（法57⑪）。

⇒　中小法人等に該当するかどうかは、次により判定することができます。

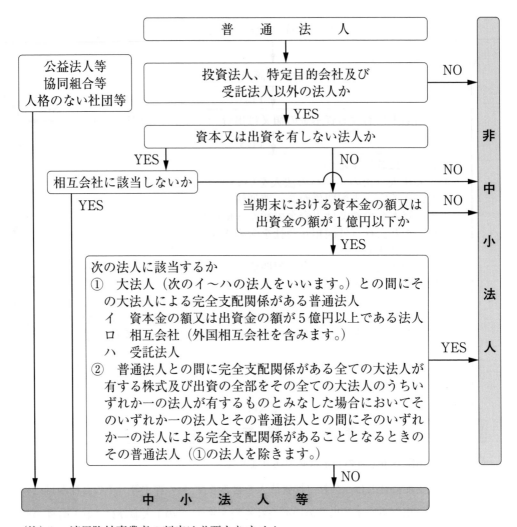

（注）1 適用除外事業者の判定は必要ありません。

2 一定の要件を満たす投資法人及び一定の要件を満たす特定目的会社については、欠損金額の控除限度額は控除前所得金額となります（法57⑪、措置法67の14①②、67の15①②）。

4 別表十一㈠及び（一の二）における中小企業者等の判定

⑴ 貸倒引当金の損金算入

中小企業者等、銀行、保険会社を含む一定の金融業を営む法人等は、一定の額を限度として貸倒引当金勘定に繰り入れた金額を損金算入することができます（法52①②）。

⇒ 中小企業者等に該当するかどうかは、次により判定することができます。

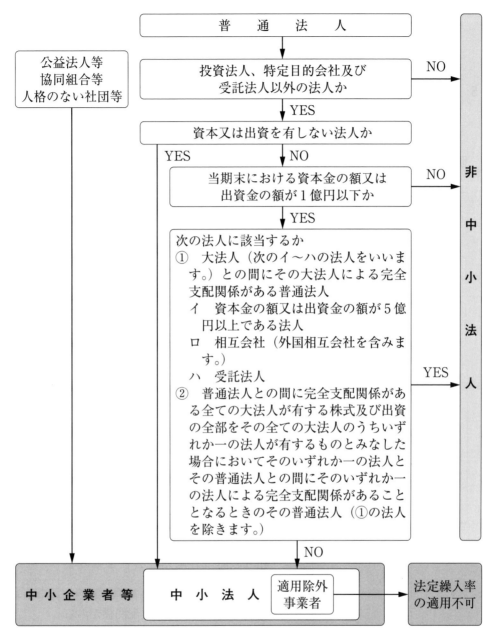

（注） 公益法人等、協同組合等、人格のない社団等は適用除外事業者の判定は必要ありません。

⑵ 法定繰入率を適用することができる場合

中小企業者等（相互会社及び外国相互会社を除きます。）に該当する場合には、一括評価金銭債権に係る貸倒引当金の繰入限度額の計算において法定繰入率を適用することができます（措置法57の９、措置法令33の７④）。ただし、中小法人にあっては、適用除外事業者に該当する場合には、法定繰入

— 273 —

率を適用することができません。適用除外事業者の判定については、277ページの「7　適用除外事業者の判定」を参照してください。

5　別表十五における中小法人等の判定

中小法人等に該当する場合、交際費等の損金算入限度額の計算上、定額控除限度額を適用することができます（措置法61の4②）。

⇒　中小法人等に該当するかどうかは、次により判定することができます。

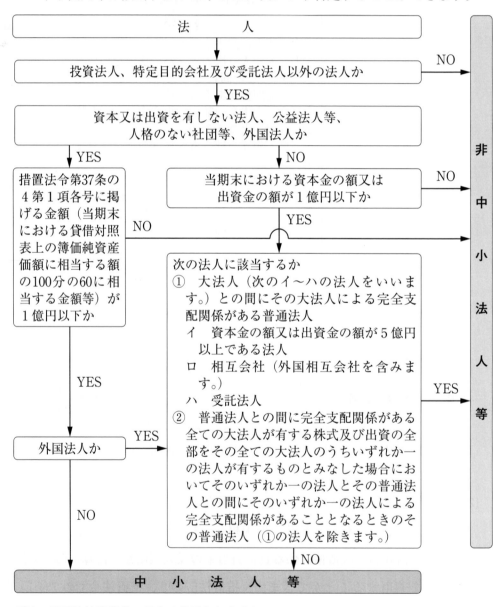

（注）　適用除外事業者の判定は必要ありません。

6 中小企業向け租税特別措置等の適用を受ける場合の判定

「中小企業者等の試験研究費に係る法人税額の特別控除」（別表六㈩）などのように中小企業者等のみが適用を受けることができる租税特別措置（税額控除や特別償却等）や一定の取扱いが設けられています（上記1・4を除きます。）。各租税特別措置に対応する別表は次のとおりです。

No.	別表番号	別　　表　　名
①	六（九）	一般試験研究費に係る法人税額の特別控除に関する明細書
②	六（十）	中小企業者等の試験研究費に係る法人税額の特別控除に関する明細書
③	六（十四）	特別試験研究費の額に係る法人税額の特別控除に関する明細書
④	六（十七）	中小企業者等が機械等を取得した場合の法人税額の特別控除に関する明細書
⑤	六（二十一）	地域経済牽引事業の促進区域内において特定事業用機械等を取得した場合の法人税額の特別控除に関する明細書
⑥	六（二十二）	地方活力向上地域等において特定建物等を取得した場合の法人税額の特別控除に関する明細書
⑦	六（二十四）	認定地方公共団体の寄附活用事業に関連する寄附をした場合の法人税額の特別控除に関する明細書
⑧	六（二十五）	中小企業者等が特定経営力向上設備等を取得した場合の法人税額の特別控除に関する明細書
⑨	六（二十六）	給与等の支給額が増加した場合の法人税額の特別控除に関する明細書
⑩	六（二十七）	認定特定高度情報通信技術活用設備を取得した場合の法人税額の特別控除に関する明細書
⑪	六（二十八）	事業適応設備を取得した場合等の法人税額の特別控除に関する明細書
⑫	十六（七）	少額減価償却資産の取得価額の損金算入の特例に関する明細書

上記別表は、国税庁ホームページ（令和5年4月以降に提供した法人税等各種別表関係（令和5年4月1日以後終了事業年度等））に掲載しています。

(注)1　特別償却等の適用を受ける場合には、該当の別表十六に「特別償却の付表」を添付してください。

2　適用除外事業者に該当する法人は、中小企業向け租税特別措置の適用を受けることができませんので御注意ください。適用除外事業者の判定については、277ペー

ジの「7　適用除外事業者の判定」を参照してください。

⇒　各租税特別措置を適用する上で「中小企業者」に該当するかどうかは、
「中小企業者の判定表」により判定することができます。

中　小　企　業　者　の　判　定　表						
発行済株式又は出資の総数又は総額	a		大規模法人の保有する株式数等の明細	順位	大規模法人名	株式数又は出資金の額
aのうちその有する自己の株式又は出資の総数又は総額	b			1	i	
差引(a)-(b)	c				j	
常時使用する従業員の数	d	人			k	
大規模法人の株式数等の保有割合	第1順位の株式数又は出資金の額(i)	e			l	
	保有割合(e)/(c)	f	%		m	
	大規模法人の保有する株式数等の計(o)	g			n	
	保有割合(g)/(c)	h	%	計 (i)+(j)+(k)+ (l)+(m)+(n)	o	
判定	資本金の額又は出資金の額が1億円以下の法人	「f」が1／2以上又は「h」が2／3以上の場合			⇒「中小企業者」非該当	
	資本又は出資を有しない法人	「d」が1,000人を超える場合				

「大規模法人の保有する株式数等の明細 i～n」の各欄は、その法人の株主等のうち大規模法人について、その所有する株式数又は出資金の額の最も多いものから順次記載します。

(注)　大規模法人とは、次のイ～ハの法人をいい、中小企業投資育成株式会社を除きます。

　　イ　資本金の額又は出資金の額が1億円を超える法人

　　ロ　資本又は出資を有しない法人のうち常時使用する従業員の数が1,000人を超える法人

　　ハ　次の(イ)又は(ロ)の法人

　　(イ)　大法人（次のA～Cの法人をいいます。）との間にその大法人による完全支

配関係がある普通法人

    A   資本金の額又は出資金の額が5億円以上である法人

    B   相互会社及び外国相互会社のうち常時使用する従業員の数が1,000人を超える法人

    C   受託法人

  ㊨ 普通法人との間に完全支配関係がある全ての大法人が有する株式及び出資の全部をその全ての大法人のうちいずれか一の法人が有するものとみなした場合において、そのいずれか一の法人とその普通法人との間にそのいずれか一の法人による完全支配関係があることとなるときのその普通法人（㋑の法人を除きます。）

7　適用除外事業者の判定

　適用除外事業者とは、中小企業向け租税特別措置の適用を受けようとする法人（以下「判定法人」といいます。）のその事業年度（以下「判定対象年度」といいます。）開始の日前3年以内に終了した各事業年度（以下「基準年度」といいます。）の所得金額の合計額を各基準年度の月数の合計数で除し、これに12を乗じて計算した金額（次の①～⑤に掲げる事由がある場合には、その計算した金額に一定の調整を加えた金額）が15億円を超える法人をいいます（措置法42の4⑲八、措置法令27の4⑱～㉒）。

　したがって、次の①～⑤に掲げる事由に該当することがなければ、単純に、合計で36月以上となる各基準年度の所得金額の合計額をその合計月数で除し、12を乗じて計算した金額が15億円を超えるかどうかで判定することとなります。

①　判定法人の判定対象年度に係る各基準年度を還付所得事業年度とする欠損金の繰戻し還付の適用があったこと【3号】

②　判定法人が特定合併等に係る合併法人等に該当すること【4号】

　（注）　特定合併等とは、合併等（合併、分割、現物出資、事業の譲受け又は特別の法律に基づく承継）のうち、判定対象年度開始の日から起算して3年前の日（以下「基準日」といいます。）から判定対象年度開始の日の前日までの間に行われた法人を設立する合併等で事業を移転するものなどをいいます（措置法令27の4⑳一）。

③　判定法人が基準日から判定対象年度開始の日の前日までのいずれかの時に

おいて公益法人等又は人格のない社団等に該当していたこと【5号】

④ 判定法人が外国法人であること【6号】

⑤ 判定法人が基準日から判定対象事業年度開始の日の前日までのいずれかの時において連結法人に該当していたこと【旧4号】

⇒ 適用除外事業者に該当するかどうかは、「適用除外事業者の判定表」により判定することができます。

適 用 除 外 事 業 者 の 判 定 表				
設立の日の翌日以後3年を経過していない場合				非該当
調整計算の要否	不要 ・ 要	措置法令第27条の4第18項第（　）号又は 令和2年旧措置法令第27条の4第22項第4号		
事業年度	各基準年度の所得金額 （別表一「1」等） （マイナスの場合は0）	(1)に対する法人税の額に係る欠損金の繰戻し還付の金額の計算の基礎となった欠損金相当額		各基準年度の月数
	1	2		3
基準年度	：　：	円	円	月
	：　：			
	：　：			
	：　：			
	：　：			
	：　：			
計				
基準年度の平均所得金額 （（（1の計）−（2の計））／（3の計））×12	4	円		
調整計算が「要」である場合	（1の計）−（2の計） （（3の計）>36の場合には、 （（（1の計）−（2の計））／（3の計））×36の金額）	5		
	合併等調整額	6		
	加算対象連結所得金額	7		
	計(5)＋(6)＋(7)	8		
	平均所得金額(8)／3	9		
適用除外事業者の判定 （(4)又は(9)>15億円は該当）	10	該当 ・ 非該当		

(1) 設立の日の翌日以後3年を経過していない場合には、適用除外事業者に該当しません。ただし、上記②〜⑤等の事由に該当する場合には設立の日

に一定の調整をして判定を行うことになりますので御注意ください。

(2)　上記②〜④の事由に該当する場合には、「調整計算の要否」の「要（措置法令第27条の４第18項第（　　）号又は令和２年旧措置法令第27条の４第22項第４号）」欄に該当する号（上記②〜④の【　】の号をいい、複数の号に該当する場合は全て）を記載し、令和２年６月改正前の措置法令（以下「令和２年旧措置法令」といいます。）第27条の４第22項第４号（上記⑤）に該当しない場合には、「又は令和２年旧措置法令第27条の４第22項第４号」を二重線で消します。この場合、基準年度の平均所得金額に一定の調整を加えて計算した金額（「５」から「９」までの各欄）により適用除外事業者の判定を行うことになりますので御注意ください。

(3)　「合併等調整額６」には、措置法令第27条の４第19項第３号から第５号までに規定する合併等調整額を記載します。

(4)　「加算対象連結所得金額７」には、令和２年旧措置法令第27条の４第23項第４号ロに掲げる金額（「６」欄の金額の計算の基礎とされた金額を除きます。）を記載します。

〈令和6年度税制改正（法人税等関係）〉

　令和6年度税制改正では、賃金上昇が物価高に追いついていない国民の負担を緩和し、物価上昇を十分に超える持続的な賃上げが行われる経済の実現を目指す観点から賃上げ促進税制の強化等を行うとともに、資本蓄積の推進や生産性の向上により、供給力を強化するため、戦略分野国内生産促進税制やイノベーションボックス税制を創設し、スタートアップ・エコシステムの抜本的強化のための措置などが講じることとされました。

　法人税等に係る主な改正は次のとおりです。

1　賃上げ促進税制の強化

⑴　従来の大企業向けの措置について、税額控除率の上乗せ措置（賃上げ4％以上に対して5％、5％以上に対して10％、7％以上に対して15％、プラチナくるみんやプラチナえるぼしの認定を受けている場合に5％等）等の見直しを行った上、その適用期限を3年延長する。

⑵　従来の大企業のうち従業員数が2,000人以下の法人について、3％以上の賃上げを行ったときは、その10％の税額控除ができる中堅企業向けの措置を加える。この場合において、4％以上の賃上げを行ったときは15％、教育訓練費の増加割合が10％以上等であるときは5％、プラチナくるみんやえるぼし（3段階目）以上の認定を受けているときは5％を税額控除率に加算する。

⑶　中小企業向けの措置について、教育訓練費に係る税額控除率の上乗せ措置について、教育訓練費の増加割合が5％以上等である場合に適用できることとし、くるみんやえるぼし（2段階目）以上の認定を受けた場合に税額控除率に5％を加算する措置を加え、5年間の繰越控除制度を設けた上、その適用期限を3年延長する。

2　中小企業事業再編投資損失準備金制度の拡充

　中小企業事業再編投資損失準備金制度について、複数回のM＆Aを実施する場合において、その株式等の取得価額に90％又は100％を乗じた金額以下の金

額を中小企業事業再編投資損失準備金として積み立てたときは、その積み立てた金額は、その事業年度において損金算入できる措置を加える。

3　戦略分野国内生産促進税制の創設

産業競争力強化法（改正を前提）の認定事業適応事業者が、産業競争力基盤強化商品生産用資産の取得等をしたときは、その認定の日以後10年以内の日を含む各事業年度において、その産業競争力基盤強化商品生産用資産により生産された産業競争力基盤強化商品のうちその事業年度の対象期間において販売されたものの数量等に応じた金額の税額控除ができることとする。

4　イノベーションボックス税制の創設

国内で自ら研究開発した知的財産権（特許権、AI関連のプログラムの著作権）から生ずる譲渡所得、ライセンス所得のうち、最大30％の金額について、その事業年度において損金算入できることとする。

5　第三者保有の暗号資産の期末時価評価課税からの除外

譲渡についての制限その他の条件が付されている暗号資産の期末における評価額は、原価法または時価法のうちその法人が選定した評価方法により計算した金額とするほか、所要の措置を講ずる。

6　交際費から除外される飲食費に係る見直し

交際費等の損金不算入制度について、損金不算入となる交際費等の範囲から除外される一定の飲食費に係る金額基準を1人当たり5,000円以下から1万円以下に引き上げることとした上、その適用期限を3年延長する。

（編者紹介）

國 見　雅 英（くにみ　まさひで）

（執 筆 者）

川 島　京 子

北 澤　久 美

丸 橋　祐 一

有 井　美 央

野 間　隆一朗

野 村　常 仁

令和6年版　知っておきたい法人税

令和6年4月23日　印刷
令和6年5月15日　発行

┌─────┐
│不　許│
│複　製│
└─────┘

編　者　國　見　雅　英

（一財）大蔵財務協会　理事長
発行者　木　村　幸　俊

発 行 所　一般財団法人　**大蔵財務協会**

〔郵便番号　130-8585〕
東京都墨田区東駒形1丁目14番1号
（販　売　部）TEL03（3829）4141・FAX03（3829）4001
（出版編集部）TEL03（3829）4142・FAX03（3829）4005
https://www.zaikyo.or.jp

乱丁、落丁の場合は、お取替えいたします。　　印刷・㈱恵友社
ISBN 978-4-7547-3220-2